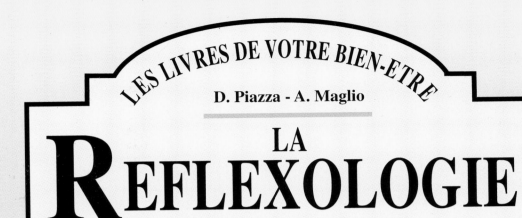

LES LIVRES DE VOTRE BIEN-ETRE

D. Piazza - A. Maglio

LA REFLEXOLOGIE

GUIDE DU MASSAGE ZONAL DU PIED ET DE LA MAIN

EDITIONS DE VECCHI S.A.
20, rue de la Trémoille
75008 PARIS

L'ouvrage que vous avez entre les mains a pour but de faire connaître au lecteur une des très nombreuses méthodes de soins et de regénérescence actuellement à la disposition du public. L'auteur nous apporte dans son livre son expérience et sa connaissance pointue de la réflexologie. Il propose une approche originale, trouver l'équilibre idéal entre le corps et l'esprit, accroître ses potentialités, permettre de lutter contre les petits maux de la vie quotidienne.

Cet ouvrage ne propose pas de suppléer les thérapies traditionnelles. Ne vous improvisez pas médecin, tant pour diagnostiquer la cause de vos malaises ou de vos souffrances, que pour trouver le médicament ou la thérapie correspondants. Votre médecin traitant est le plus à même de vous aider à déterminer l'origine de vos maux, sans confondre des symptômes voisins, il pourra vous aiguiller vers tel traitement et telle médecine douce.

Il est donc conseillé, selon les problèmes spécifiques – et souvent uniques – de chaque lecteur, de prendre l'avis de personnes compétentes, médecins, psychothérapeutes, kinésithérapeutes, diététiciens, infirmiers, etc., pour obtenir les renseignements les mieux adaptés à votre situation et d'y remédier par des thérapies adéquates.

Les photos de couverture et de l'intérieur sont de M. Giberti

Les dessins sont de S. Gaudenzi

Traduction de Frédéric Delacourt

© 1997 Éditions De Vecchi S.A. - Paris
Imprimé en Italie

Sommaire

Introduction

Aujourd'hui plus que jamais le thème de la santé polarise l'attention d'une grande partie de l'humanité. Si l'on fait abstraction des véritables pathologies, tout le monde est de plus en plus sujet à une série infinie d'affections et de troubles qui, sans être graves, peuvent être inquiétants et angoissants.

Dans la plupart des cas, quand on recherche un remède pour éradiquer rapidement des symptômes, on a recours à des médicaments : malheureusement, leur effet est le plus souvent pire que le mal. Nous vivons une époque où tout semble être remis en cause et où l'homme se trouve souvent perdu face aux événements catastrophiques qui l'entourent : il est donc plus que jamais nécessaire de conserver son équilibre physique et sa lucidité intellectuelle pour combattre les attaques extérieures.

La maladie est une anomalie qui se traduit chez l'homme par une modification de son équilibre physique et bioénergétique. C'est souvent l'expression d'un manque d'adaptation à des situations physiques et psychiques données, d'une fragilité congénitale, d'une faiblesse développée par le corps ou encore d'un mode de vie artificiel. L'objectif que l'homme doit se fixer est de retrouver son harmonie psychique et somatique.

Être efficace et avoir un aspect avenant sont des éléments déterminants pour réussir dans la vie, surtout de nos jours, où le fait d'être en bonne santé est un élément primordial.

Si certaines personnes suivent des thérapies sophistiquées, des soins coûteux et contrôlent leur santé de façon permanente, la plupart des gens n'ont pas beaucoup de temps ni de moyens à consacrer aux soins de leur corps : il devient donc difficile pour eux d'être conformes à ce que l'époque et les différentes situations exigent. La réponse à ce type de problèmes doit être trouvée dans les ressources infinies de notre bagage génétique.

En effet, l'homme possède à l'intérieur de son corps tous les mécanismes et les éléments nécessaires pour vivre bien. Cependant il arrive, comme dans un moteur, que quelque chose ne fonctionne plus parfaitement. Il faut alors non pas apporter de l'extérieur un complément pour pallier aux éventuelles carences, mais aider les mécanismes naturels à accomplir à nouveau leurs propres fonctions avec une efficacité retrouvée.

Les théories du massage localisé reposent sur ces bases. C'est un remède à l'échelle de l'homme qui peut prévenir et combattre la maladie, surtout quand elle vient d'apparaître. Tout le monde peut, avec un minimum de préparation et d'information, adopter ces mesures pour « protéger » sa santé sans sortir de son cadre familial ou de travail.

C'est d'ailleurs précisément dans le cadre familial que le massage localisé peut s'avérer extrêmement utile. Si on vit avec un enfant ou une personne âgée que des petits problèmes quotidiens rendent nerveux et irritables, on peut leur faire un bon massage des pieds ou des mains, exécuté avec amour : c'est le meilleur remède qui soit.

Ceci n'est qu'une facette, la plus simple, du massage réflexogène. Cette technique comporte également beaucoup d'autres aspects, parfois même plus importants, que nous allons explorer dans cet ouvrage : nous vous invitons par conséquent à le lire attentivement jusqu'au bout.

Histoire

Les origines de la réflexothérapie sont très anciennes et elles coïncident même certainement avec celles de l'homme. On peut en effet facilement imaginer qu'à l'aube de l'humanité, l'homme malade recherchait autour de lui tout ce qui pouvait le soulager. On peut être certain qu'instinctivement, l'homme a utilisé ses propres mains pour « porter secours » à la partie malade de son corps, en effectuant plusieurs formes d'attouchements : c'est ainsi qu'a dû naître le massage, auquel on a ensuite ajouté d'autres éléments que la nature met à la disposition de l'homme.

Au fil des siècles, ce qui n'était alors que des tentatives, de simples intuitions de l'homme primitif, a pris corps. On a découvert tout doucement, grâce à l'expérience acquise, les possibilités qu'offrait chaque élément et les moyens de les utiliser au mieux.

Les premières méthodes de soin sont alors nées, influencées et mises à l'épreuve par la réalité quotidienne et, naturellement, strictement liées aux rythmes de la nature. Il ne faut pas oublier que l'homme fait partie de l'univers et qu'il doit nécessairement vivre et agir dans la plus grande harmonie possible avec les lois essentielles qui régissent le cosmos. Ainsi, l'harmonie de l'infiniment petit, c'est-à-dire l'homme, est identique à celle de l'infiniment grand, c'est-à-dire l'univers.

On peut penser qu'il y a cinq mille ans, en Inde et en Chine, on connaissait déjà un traitement basé sur des pressions effectuées sur des points particuliers situés sur

Illustration égyptienne qui représente le massage des mains et des pieds

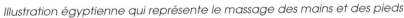

les mains et sur les pieds. Ce traitement était utilisé principalement dans un but préventif, mais également pour diagnostiquer, en liaison avec l'observation des poignets et de la langue, plusieurs maladies.

La diffusion de ce massage est prouvée historiquement par une peinture murale retrouvée dans le tombeau d'un médecin égyptien à Saqqarah. Elle représente deux thérapeutes (à la peau foncée) qui effectuent, sans aucune équivoque possible, un massage réflexogène sur les mains et sur les pieds.

Grâce aux systèmes de datation moderne, on sait que cette peinture a été exécutée il y a plus de quatre mille trois cents ans...

Cette méthode thérapeutique, comme d'ailleurs beaucoup d'autres basées sur l'utilisation des herbes et le régime alimentaire, a été oubliée, en raison notamment de la perte de documents importants lors de l'incendie de la bibliothèque d'Alexandrie.

On suppose que ce type de massages particuliers a été appliqué dans d'autres parties du monde, comme par exemple sur le continent américain. Il n'existe pas de preuves formelles à ce sujet, mais comme les tribus indiennes d'Amérique du Nord utilisent depuis toujours cette méthode, on peut penser que ce sont les habitants d'Amérique centrale ou d'Amérique du Sud, les Mayas ou les Incas, qui l'ont transmise aux Peaux-Rouges. Malheureusement, ces grandes avancées techniques médicales, ainsi que d'autres (par exemple la physiothérapie ou la haute technologie chirurgicale des Incas !), ont été balayées par les envahisseurs espagnols.

Selon le docteur Harry Bond Bressler, qui fut le premier à effectuer des recherches historiques sur la réflexologie, on trouve sporadiquement des traces de cette méthode en tout lieu et en tout temps. Il est par exemple curieux de savoir que le grand orfèvre florentin Benvenuto Cellini (1500-1571) effectuait lui-même de fortes pressions sur ses mains et sur ses pieds pour soigner toutes sortes d'infirmités.

Plus tard, le docteur Ball a publié un texte sur le traitement que l'on pouvait suivre en comprimant certains points qui correspondaient à des organes éloignés de ceux-ci.

Enfin, vers la moitié du siècle dernier, après avoir essayé tous les soins possibles pour calmer les séquelles des blessures qu'il avait reçues lors d'un attentat, le vingtième président des États-Unis, Garfield (1831-1881), se soumit à des traitements de réflexologie qui atténuèrent puis firent disparaître toutes ses douleurs.

En 1834, le Suédois Pehr Henrik Ling découvrit que des douleurs provenant d'organes déterminés se reflétaient dans des zones de la peau situées très loin d'eux. Par la suite, certains chercheurs approfondirent les études du neurologue anglais, sir Henry Head, qui avait décrit la projection des zones cutanées des réflexes viscéro-sensitifs.

Mais c'est seulement au début de notre siècle que le docteur William Fitzgerald de Middletown (USA), spécialiste en otorhino-laryngologie, a affirmé qu'en exerçant une pression sur certains points du corps, on pouvait se passer de la cocaïne, qui était à l'époque utilisée comme anesthésique : il réalisa également une véritable carte des différentes zones.

Les premières études sur ce sujet ont été effectuées par le docteur Fitzgerald en Europe, pendant son séjour à Vienne chez le docteur H. Bressler, qui travaillait déjà sur cette théorie depuis quelque temps.

Ce sujet fascina le jeune Fitzgerald qui se souvenait avoir observé, durant les voyages qu'il avait effectués dans son pays, des chamans Peaux-Rouges qui parvenaient à calmer des douleurs, même très fortes, en comprimant des points situés sur les pieds et sur les mains des hommes et des femmes qui se soumettaient à leurs soins. Les chamans utilisaient notamment cette technique pour aider les femmes à accoucher.

Quand il est rentré aux États-Unis, le docteur Fitzgerald a continué ses recherches et est parvenu à la conclusion qu'en exerçant de fortes pressions sur certaines zones du corps avec les mains ou avec des instruments, par exemple des peignes en bois ou des pinces à linge, on obtenait des effets anesthésiques sur des points parfois très éloignés de ces zones corporelles ; il pouvait identifier ces points grâce à une « carte » particulière qui divisait le corps humain en dix zones verticales. Cette méthode fut expérimentée par plusieurs amis médecins de Fitzgerald. En particulier un de ceux-ci, un dentiste, adopta cette technique pour soulager les douleurs de ses patients et obtint des résultats plus que surprenants.

Très rapidement, la réflexothérapie commença à avoir de plus en plus de partisans mais, à cause de la guerre qui impliqua bientôt toute l'Europe, sa diffusion ne franchit pas les frontières des États-Unis. En 1916 un autre médecin, Edwin F. Bowers, réexamina attentivement la thérapie de Fitzgerald et, sous le nom de « thérapie localisée », il en fit un article qui eut beaucoup d'écho dans le monde médical américain. À la fin de la guerre, de nombreux chercheurs se consacrèrent à la réflexothérapie et prolongèrent les travaux commencés par Fitzgerald. Parmi ces spécialistes, il faut citer George Starr White de Los Angeles : après avoir pratiqué avec beaucoup de succès cette thérapie, il se consacra à l'identification minutieuse des différents points qu'il fallait solliciter pour obtenir un effet analgésique puissant et pour stimuler le pouvoir d'autoguérison que cette méthode semblait de plus en plus détenir.

Le docteur Fitzgerald donna des cours de formation et rassembla autour de lui une véritable association de praticiens.

En trouvant une application plus large, la méthode est devenue de plus en plus précise et l'empirisme du début a fait place à une démarche scientifique qui, par certains aspects, s'est rapprochée des conceptions propres à la médecine populaire indienne.

C'est à ce moment qu'a débuté l'œuvre d'une masseuse américaine, Eunice Ingham, collaboratrice du médecin réflexologue Joe Riley. En quelques années, elle a élaboré une représentation pratique de la thérapie, en amplifiant et en précisant les tracés mis au point par son maître et en en découvrant d'autres. Elle a proposé de nouvelles théories et surtout, a perfectionné une méthode de réflexologie basée sur le massage.

Sur la base de ses recherches et de sa grande expérience, Ingham a focalisé l'attention sur le pied, qui représentait pour elle le point central dans lequel on pouvait trouver, réunis dans un petit espace et avec des références anatomiques logiques, tous les organes du corps humain.

En Europe, la réflexologie du pied et de la main occupe de plus en plus de place : on peut en effet obtenir de très bons résultats, la méthode est relativement simple et économique et surtout, le niveau scientifique et professionnel des thérapeutes est de plus en plus élevé.

En outre, la technique a évolué et est devenue plus minutieuse, tant du point de vue de la méthode pratique que de celui des fondements scientifiques, comme nous aurons l'occasion de le voir dans cet ouvrage.

Notions de base

Définition du réflexe

Le réflexe est une réponse involontaire, obligatoire, stéréotypée à une stimulation ; celle-ci prend sa source dans les récepteurs nerveux externes ou internes et se transmet à la moelle épinière par des voies centripètes bien définies.
En biologie, le réflexe est la réponse involontaire à un stimulus.
En physiologie, on parle « d'arc réflexe » qui, provoqué par l'excitation d'un neurone sensitif, se traduit par la mise en mouvement d'un neurone moteur relié au premier par un mouvement autonome et indépendant de la volonté.
Chaque partie du corps est concernée par la réflexologie car le corps est projeté sur chacune de ses zones périphériques, de telle façon que sa situation générale peut toujours être intégrée et comprise par l'ensemble du corps. On voit bien que la stimulation de zones périphériques déterminées peut créer des réponses cérébrales particulièrement intéressantes.

La localisation des zones réflexes

L'ensemble de notre corps est le siège de réflexes nerveux, mais il existe des zones où ces réflexes sont plus présents et plus actifs. Ces zones sont localisées dans la tête, dans les mains et dans les pieds, comme on peut le constater quand on regarde la projection de la carte cérébrale du corps humain : la surface occupée par les extrémités du corps est beaucoup plus vaste que celle des autres organes.
Cela explique la raison pour laquelle ceux qui ont les premiers étudié et mis au point la technique du massage réflexogène se sont intéressés aux mains et aux pieds.
Selon les travaux du docteur W. Fitzgerald, on peut diviser le corps en dix lignes verticales qui partent de la tête et qui arrivent aux extrémités. Ce découpage met en relation les différentes parties de notre organisme, qui se retrouve ainsi séparé en dix zones : cinq zones liées au côté droit et cinq au côté gauche.

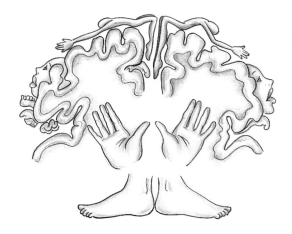

Projection corticale du corps humain

Cette première division facilite la lecture des positions qu'occupent, dans le pied, les zones réflexes de chaque organe.

Pour faciliter la recherche des points, on a ensuite tracé trois lignes imaginaires sur les pieds, afin de créer une deuxième division dans le sens horizontal. Le premier trait, appelé cordon scapulaire, est situé à la base des doigts. Le deuxième, appelé bord costal inférieur, est situé entre les os longs et les os courts du pied. Le troisième trait, appelé cordon pelvien, délimite la zone du talon. La place qu'occupent les différents points réflexes sur le pied correspond exactement à celle des organes dans le corps. Plus précisément, on peut dire que l'on trouve les organes situés à droite dans le corps sur le pied droit, et les organes situés à gauche sur le pied gauche. Les organes centraux ou bilatéraux se trouvent sur les deux pieds.

Il faut en effet tenir compte du fait que les pieds et les mains reproduisent la configuration anatomique du corps à une échelle réduite et divisée en deux.

C'est pour cette raison qu'il faut toujours masser les mains et les pieds droits et gauches en alternance, en suivant l'ordre exact des organes selon leur emplacement dans le corps.

En effet, toute la théorie de la réflexologie repose sur le fait que les différentes parties du corps ont des correspondances dans d'autres zones de l'organisme.

L'histoire de la réflexologie a traversé les époques et est devenue à présent plus

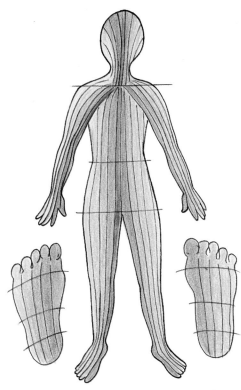

Division du corps en dix zones verticales

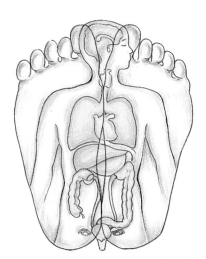

Projection des organes sur les pieds

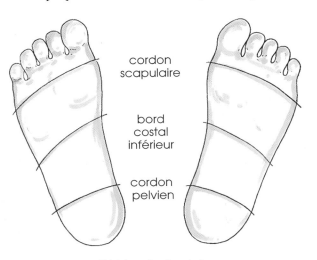

cordon scapulaire

bord costal inférieur

cordon pelvien

Divisions horizontales

CARTE DES POINTS LOCALISÉS DE LA MAIN

1. Dents - 2. Circulation lymphatique supérieure - 3. Circulation sanguine - 4. Côtes - 5. Rate - 6. Seins - 7. Pharynx- larynx- trachée - 8. Bouche - 9. Nez - 10. Tronc lymphatique - 11. Mâchoires - dents - 12. Bronches - 13. Circulation lymphatique inguinale - 14. Utérus - Prostate - 15. Pénis - vagin - urètre - 16. Gonades (ovaires ou testicules) - 17. Trompes ou canal déférent - 18. Cerveau - 19. Yeux - 20. Oreilles - 21. Oreille interne - 22. Trapèze - clavicule - 23. Cœur - 24. Poumons - 25. Estomac - 26. Plexus solaire - 27. Pancréas - 28. Duodénum - 29. Hypophyse - 30. Calotte crânienne - 31. Amygdales - végétations adénoïdes - 32. Colonne vertébrale- moelle épinière - 33. Thyroïde - 34. Anus - 35. Point sciatique - 36. Sinus frontaux - calotte crânienne - 37. Épaule - 38. Pouls - 39. Avant-bras - 40. Bras - 41. Coude - 42. Genou - 43. Glandes surrénales - 44. Reins - 45. Côlon transverse - 46. Côlon descendant - 47. Jambe - 48. Cuisse - 49. Uretère - 50. Intestin grêle - 51. Côlon sigmoïde - 52. Hanche - 53. Cheville - 54. Vessie - 55. Rectum - 56. Organes génitaux indirects. 57. Appendice - 58. Foie - 59. Vésicule biliaire - 60. Côlon ascendant - 61. Valvule iléo-cæcale

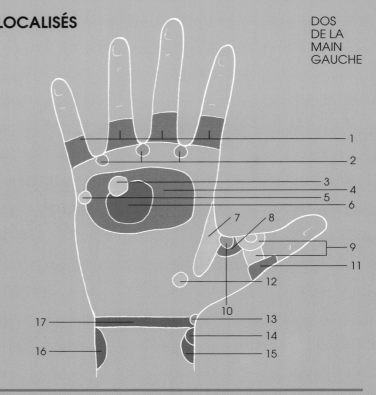

DOS DE LA MAIN GAUCHE

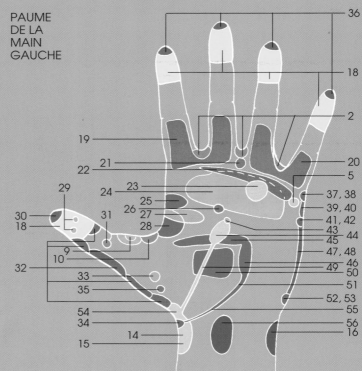

PAUME DE LA MAIN GAUCHE

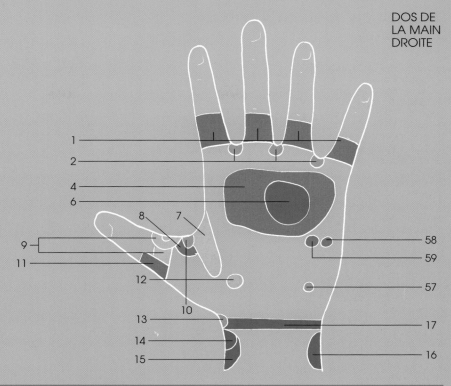

1
2
4
6
8
7
9
11
12
10
13
14
15
58
59
57
17
16

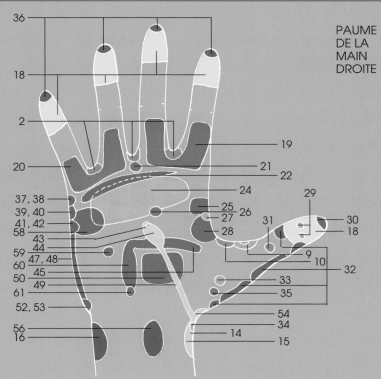

36
18
2
20
37, 38
39, 40
41, 42
58
43
44
59
60
47, 48
45
50
49
61
52, 53
56
16
19
21
22
24
25
26
27
28
29
30
18
31
9
9
10
32
33
35
54
34
14
15

CARTE DES POINTS LOCALISÉS DU PIED

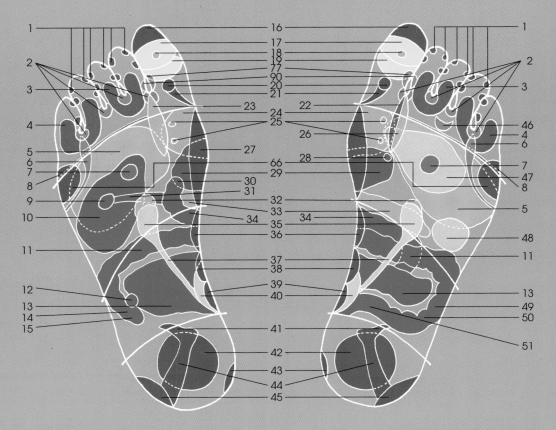

PLANTE DU PIED DROIT

PLANTE DU PIED GAUCHE

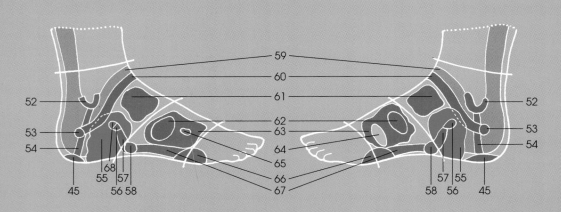

PARTIE LATÉRALE DU PIED DROIT

PARTIE LATÉRALE DU PIED GAUCHE

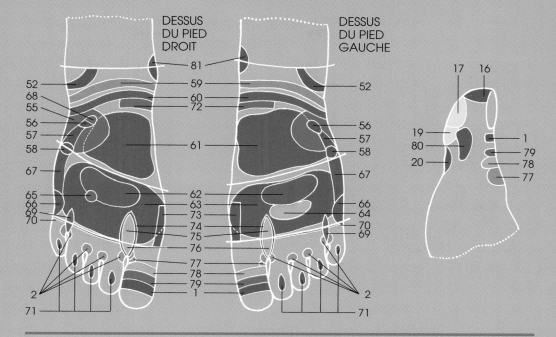

DESSUS DU PIED DROIT

DESSUS DU PIED GAUCHE

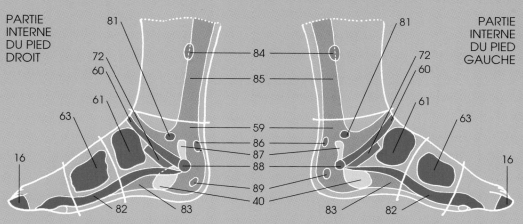

PARTIE INTERNE DU PIED DROIT

PARTIE INTERNE DU PIED GAUCHE

1. Dents - 2. Circulation lymphatique supérieure - 3. Yeux - 4. Oreilles - 5. Poumons - 6. Circulation lymphatique axillaire - 7. Plexus solaire - 8. Trapèze - 9. Vésicule biliaire - 10. Foie - 11. Côlon transverse - 12. Valvule iléo-cæcale - 13. Intestin grêle - 14. Côlon ascendant - 15. Appendice - 16. Calotte crânienne - 17. Cerveau - 18. Hypophyse - 19. Cervelet - 20. Atlas - axis - 21. Vertèbres cervicales - 22. Œsophage - 23. Trachée - bronches - 24. Thyroïde - 25. Parathyroïdes - 26. Trachée - 27. Vertèbres dorsales - 28. Cardia - 29. Estomac - 30. Pylore - 31. Cholédoque - 32. Glandes surrénales - 33. Pancréas - 34. Duodénum - 35. Reins - 36. Vertèbres lombaires - 37. Uretère - 38. Vertèbres sacrées - 39. Vertèbres coccygiennes - 40. Vessie - 41. Pied - 42. Organes génitaux indirects - 43. Ménisque médian - 44. Jambe - 45. Ménisque latéral - 46. Lagune lymphatique - 47. Cœur - 48. Rate - 49. Côlon descendant - 50. Côlon sigmoïde - 51. Rectum - 52. Articulation coxo-fémorale - 53. Gonades (ovaires ou testicules) - 54. Cuisse - 55. Abdomen indirect - 56. Main - 57. Avant-bras - 58. Coude - 59. Circulation lymphatique inguinale - 60. Canal déférent - 61. Musculature abdominale - 62. Seins - 63. Côtes - 64. Circulation sanguine - 65. Vésicule biliaire indirecte - 66. Épaule - 67. Bras - 68. Appendice indirect - 69. Oreille interne - 70. Clavicule - 71. Sinus frontaux - 72. Aine - 73. Sternum - 74. Sterno-cléido-mastoïdien - 75. Larynx - 76. Pharynx - 77. Amygdales - 78. Nez - 79. Langue - bouche - 80. Région mastoïdienne - 81. Symphyse pubienne - 82. Colonne vertébrale - 83. Tronc lymphatique - 84. Point sciatique supérieur - 85. Circulation lymphatique inférieure - 86. Anus - 87. Urètre-pénis ou vagin - 88. Utérus ou prostate - 89. Point sciatique inférieur - 90 - Végétations adénoïdes

scientifique et plus rationnelle. Ainsi, en partant de la définition de Fitzgerald, qui divisait l'homme en dix lignes verticales, nous sommes arrivés à des cartes des points réflexes des pieds et des mains beaucoup plus précises.

Grâce aux recherches incessantes effectuées dans différentes écoles américaines et européennes, on est parvenu à adopter une codification presque universelle dans ses grandes lignes. Naturellement, chaque chercheur a apporté quelques nouveautés théoriques et pratiques, en partant de ses propres expériences personnelles.

Ainsi les « cartes » ne constituent qu'une trace, une indication de base pour savoir dans quelle zone on peut repérer les réflexes liés à un organe déterminé.

Quand on parle de massage « localisé », on ne délimite pas le point réflexe dans des frontières extrêmement réduites, mais on laisse le masseur trouver librement la plus grande capacité réceptive d'un organe déterminé, après qu'il a recherché soigneusement et minutieusement sur la surface intéressée.

Un bon réflexologue sait que la carte du pied ou de la main ne représente qu'un point de référence ; il sait que c'est grâce à son expérience qu'il pourra atteindre cette « agilité » mentale qui lui permettra de ressentir sous la pointe de ses doigts non seulement des états organiques, mais aussi toutes les sensations et les émotions qui constituent, souvent de façon déterminante, l'équilibre psychosomatique d'un individu.

Pour parvenir à cette maîtrise, il faut étudier consciencieusement et méticuleusement les formules de base. Pour devenir vraiment un professionnel, il faut bien retenir tous les endroits où sont situés les points et la façon d'intervenir sur eux.

Cette remarque est surtout valable pour le massage du pied qui est généralement effectué sur quelqu'un d'autre ; en ce qui concerne le massage de la main, qui représente une forme d'automassage ou une alternative au massage du pied, les règles ne sont pas aussi contraignantes et on peut l'effectuer même si l'on ne dispose pas d'une préparation très approfondie.

L'anatomie dans la réflexologie

Il est indispensable de bien connaître l'anatomie et la physiologie humaine si l'on veut aborder l'étude du massage localisé : nous avons vu en effet que c'est grâce à une certaine familiarité avec les mécanismes du corps que l'on peut devenir un bon réflexologue.

À ce propos, il est d'ailleurs nécessaire d'apporter une précision indispensable avant de rentrer dans le vif du sujet. **Un réflexologue n'est pas un médecin, il ne fait pas de diagnostic, il ne soigne pas les maladies et ne prescrit aucun type de médicaments. Il se contente d'accomplir une action, du mieux qu'il peut, pour aider l'organisme à retrouver toutes ses ressources potentielles après qu'elles ont subi, pour n'importe quel motif que ce soit, un blocage ou un affaiblissement.**

C'est précisément pour cette raison que le réflexologue doit avoir conscience de ses propres limites, connaître le terrain sur lequel il agit et apprendre à en évaluer tous les aspects.

Ce n'est qu'en connaissant, même assez superficiellement, les mystères de la machine humaine, que l'on peut s'apercevoir qu'un massage localisé peut avoir une action très efficace.

La peau

La peau est un élément fondamental puisqu'elle est liée au premier contact qui s'établit avec le corps lors d'un massage.

Les récepteurs nerveux présents dans la peau transmettent vers le cerveau une immense palette de sensations. Les capacités sensorielles de la peau ne servent pas qu'à informer le cerveau de ce qui se produit dans le milieu extérieur (par exemple la chaleur, le froid, la douleur), mais également à communiquer.

La peau est le siège du plus grand organe des sens du corps ; c'est de là que toutes les stimulations recueillies par des corpuscules et des terminaisons nerveuses arrivent au cerveau, qui interprète, traduit et coordonne avant d'envoyer à son tour des réponses. Le premier contact avec une personne que l'on doit masser s'effectue à travers cette barrière très importante qui représente une sorte de laissez-passer pour accéder à un rapport plus profond et plus constructif. Le premier « toucher » doit donc être agréable, doux et surtout rassurant. Celui qui reçoit le massage doit ressentir, par l'intermédiaire de sa peau, une sensation de chaleur, de calme et de sérénité.

Celui qui pratique le massage doit, au-delà de son savoir-faire, mettre ses qualités humaines et sa compréhension au service des autres ; il doit être capable d'appréhender les problèmes de quelqu'un sans se départir d'une certaine réserve et d'une certaine discrétion.

Toutes ces qualités font partie du bagage du réflexologue, car le succès de son entreprise dépend en grande partie du contact épidermique qu'il parvient à instaurer avec son patient.

Anatomie du pied

Le pied se compose de 26 os et d'autant d'articulations, de ligaments, de formations conjonctives et de tendons extrêmement solides, qui ont comme fonction de maintenir les os soudés. Toutes ces formations, ou aponévroses, constituent, avec les os, la structure du pied.

On comprend facilement que l'assise parfaite d'une telle structure est déterminante pour le bon fonctionnement de tout l'appareil moteur et que son entretien constant entraîne un bien-être pour l'ensemble de l'organisme.

Pourtant, comme le pied est une structure extrêmement complexe qui soutient le poids du corps et est sollicité dans la marche et dans la course, elle est souvent sujette à des anomalies et à des malformations aussi bien osseuses que musculaires.

Il faut tenir compte de ces anomalies, congénitales, d'origine traumatique ou posturale, au cours du massage localisé (cf. « La recherche des points douloureux » page 22).

En dehors des malformations spécifiques (pied plat, pied rond, pied talus, pied équin, pied varus, pied valgus), qui sont générale-

ment congénitales, le pied peut aussi être atteint d'altérations du tissu conjonctif, (cal, durillon ou œil-de-perdrix), qui sont le plus souvent visibles à l'œil nu. Mais des problèmes peuvent aussi se manifester quand on exerce une pression sur un point spécifique. Un réflexologue doit connaître leur existence, afin d'évaluer correctement les réponses douloureuses du pied. Les plus répandues sont :

– la métatarsalgie, qui peut être due à une surcharge chez les personnes très lourdes) ou à l'affaissement des métatarsiens ; cette dernière anomalie se manifeste en général chez les personnes d'un certain âge et frappe surtout les femmes qui avaient l'habitude de porter des talons hauts ;

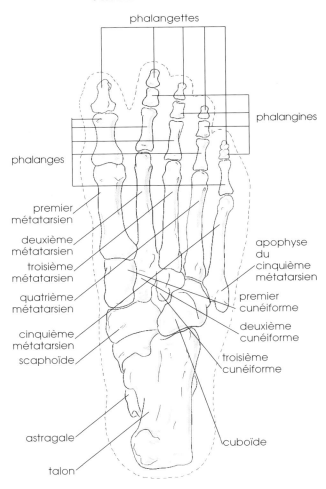

SQUELETTE DU PIED

phalangettes

phalangines

phalanges

premier métatarsien

deuxième métatarsien

troisième métatarsien

quatrième métatarsien

cinquième métatarsien

scaphoïde

apophyse du cinquième métatarsien

premier cunéiforme

deuxième cunéiforme

troisième cunéiforme

astragale

cuboïde

talon

– la périostite, qui provoque des douleurs dans la zone osseuse, accompagnées de rougeurs et de tuméfactions des parties molles qui la recouvrent ;
– la talalgie, qui se manifeste par de fortes douleurs au talon, surtout pendant la marche ;
– les cals et les bursites plantaires, qui ne peuvent être localisés que par une pression profonde ;
– le pied de Morton, altération de type inflammatoire des nerfs qui parcourent l'espace situé sous le troisième et le quatrième orteil, et qui est très douloureuse à la palpation ;
– les mycoses, les eczémas et les crevasses interdigitales.
En présence de ces affections, l'action du réflexologue doit être différée parce qu'il s'agit de problèmes qui concernent le podologue, le dermatologue ou l'orthopédiste.

Anatomie de la main

Le squelette de la main est constitué de 27 os qui forment trois groupes : les phalanges, le métacarpe et le carpe. Les os sont reliés entre eux par des articulations et la main dans son ensemble est reliée à l'avant-bras par l'articulation du poignet. La fonction caractéristique de la main de l'homme est la préhension : elle peut prendre la forme d'une pince, d'un poing ou d'un crochet. Grâce à sa faculté de se saisir de quelque chose, la main est chargée d'accomplir les travaux les plus complexes ; elle est en outre capable d'apprécier un volume, une forme, une consistance, une température et, plus approximativement, le poids des objets avec lesquels elle entre en contact. La main est constamment sollicitée et son massage localisé peut être moins efficace que celui

SQUELETTE DE LA MAIN

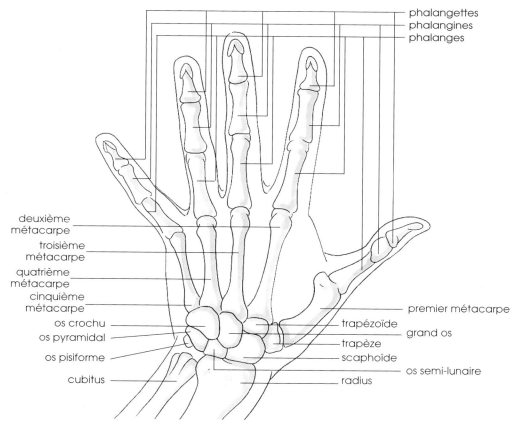

phalangettes
phalangines
phalanges

deuxième métacarpe
troisième métacarpe
quatrième métacarpe
cinquième métacarpe
os crochu
os pyramidal
os pisiforme
cubitus

premier métacarpe
trapézoïde
grand os
trapèze
scaphoïde
os semi-lunaire
radius

du pied, surtout chez une personne en pleine activité.

On peut en effet difficilement identifier les points douloureux situés sur la main. Une main qui travaille peut être douloureuse pour des raisons qui n'ont rien à voir avec le trouble de l'organe correspondant.

Le massage de la main représente surtout un très bon outil à usage personnel et également une bonne alternative s'il n'est pas possible d'agir sur les pieds.

Il existe aussi des cas où il est conseillé de remplacer le massage du pied par celui, moins pénétrant et donc plus doux, de la main : s'il s'agit par exemple de personnes très âgées, d'enfants ou de gens qui, par pudeur, refusent qu'on leur touche les pieds. Dans ce dernier cas, l'attouchement de la main facilite l'approche : il n'y a pas de violation de « l'espace privé » d'une personne et ce choix permet d'instaurer avec elle un rapport intime et amical.

En outre, la main est beaucoup plus disponible que le pied : on peut la masser en toutes circonstances, quel que soit le moment ou le lieu. En cas d'urgence ou en présence d'un malaise soudain, une action sur la main peut représenter un remède efficace et immédiat.

Il existe cependant des différences importantes entre le traitement du pied et celui de la main, comme nous le verrons plus loin. La technique du massage du pied apporte des réponses déjà codifiées et demande donc une certaine compétence et des connaissances approfondies.

Le massage de la main laisse au contraire la voie libre à la sensibilité de celui qui effectue le massage. Il suffit en effet d'exercer des pressions ou des effleurements sur des points déterminés pour obtenir un effet relaxant, stimulant ou revitalisant, selon les cas. Il ne faut pas oublier que le massage de la main constitue une très bonne méthode d'autotraitement, surtout quand on veut se débarrasser rapidement d'un mal de dos, de tête, de ventre, etc. et que l'on n'a pas la possibilité de retirer ses chaussures et ses chaussettes.

Le massage de la main peut également être exécuté avec des instruments simples qui permettent de solliciter les zones réflexes spécifiques, sans faire mal, afin de réveiller les énergies vitales.

Pour faciliter les manipulations de stimulation sur les zones réflexes de la main lors d'un automassage, on peut utiliser des petits objets d'usage courant : une pince à linge, un peigne, un élastique, un petit rouleau en bois, un embout en os ou en quartz, etc.

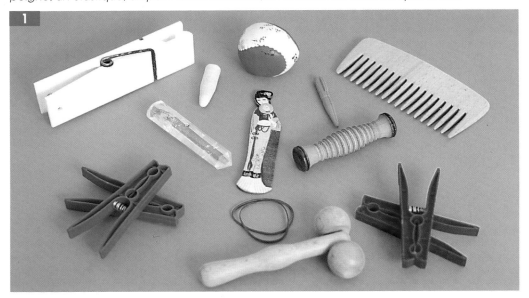

1

L'importance du massage

Cette méthode, plus connue sous le nom de réflexologie du pied ou de la main, ou encore comme massage localisé, pourrait être définie d'une façon plus appropriée comme une « technique localisée pour le bien-être ».

En effet, c'est en stimulant certains points spécifiques situés sur les extrémités du corps que l'on peut obtenir des résultats particulièrement bénéfiques pour la santé physique d'un individu.

Contrairement à ce que l'on peut observer dans les civilisations orientales, où prédomine la culture de la prévention et de l'entretien de l'état de santé par une série de disciplines physiques et mentales, l'homme occidental ne commence à se préoccuper de son bien-être que quand il tombe malade. Ce n'est qu'à ce moment qu'il se rend compte qu'il a gaspillé le patrimoine si important dont il disposait depuis sa naissance. Il tente alors d'y remédier en faisant appel à des solutions qui sont le plus souvent pires que le mal.

Il est évident qu'en cas de véritable pathologie, il est nécessaire de s'adresser à un médecin ou à un pharmacien parce que quand la situation est grave, il faut agir de façon draconienne et opportune. Pourtant, il y a une notion que l'on ne devrait jamais perdre de vue : il vaut mieux prévenir que guérir. Ainsi, si on apprenait tous à rester en bonne santé on n'aurait pas à regretter, parfois amèrement, notre trésor perdu. L'homme moderne, qui a tendance à détruire ses ressources personnelles à cause d'un mode de vie absurde et inconscient, doit tenir compte du milieu qui l'entoure : il est soumis constamment à la pollution de la nourriture et de l'air, au stress ainsi qu'à de multiples angoisses et sollicitations négatives. Cela a comme conséquence d'appauvrir gravement les ressources de sa structure psychophysique : l'homme n'est donc plus capable de réagir spontanément par un processus d'autoguérison, qui devrait normalement se déclencher automatiquement à l'intérieur de son organisme. Cette situation crée un affaiblissement de ses défenses et le prédispose davantage à la maladie. Chaque individu apparemment en bonne santé devrait précisément combattre et prévenir cette situation.

Dans cette optique, il faudrait que tout le monde se soumette périodiquement à des traitements réflexologiques. Nous allons voir pourquoi.

Premièrement, une stimulation exécutée sur les zones réflexes doit entraîner (si elle est effectuée par un manipulateur préparé) une sensation immédiate de grand relâchement. Le stress et la tension nerveuse constituent, dans la plupart des cas, la clé de certaines sensations de malaise et de troubles souvent incompréhensibles. Le fait de dénouer ces tensions peut donner des résultats appréciables dès les premières séances, surtout chez les sujets qui ont tendance à « somatiser » dès la moindre contrariété. Le stress provoque de nombreux troubles qui sont parfois pris pour de véritables pathologies mais qui ne peuvent pas être traités par des médicaments ; au contraire, la situation se détériore car l'anxiété vient s'ajouter à l'intoxication provenant des substances chimiques introduites dans l'organisme.

Deuxièmement, le résultat très important que l'on obtient par un traitement réflexologique est la dépuration : c'est précisément sur ce résultat qu'est centrée toute la phase préparatoire de cette technique.

Dans un organisme intoxiqué, rien ne fonctionne plus correctement et l'ensemble du processus biochimique et métabolique est altéré. Dépurer et désintoxiquer par l'élimination est un des objectifs déterminants de cette technique, comme nous le verrons dans les chapitres consacrés à chaque appareil.

Un troisième aspect concerne le rééquilibrage énergétique du corps. Nous vivons en effet dans un état d'équilibre qui s'est établi entre nos rythmes corporels et la circulation de notre énergie. Une altération de cet équilibre entraîne automatiquement une insuffisance dans un organe qui entre alors en phase de « souffrance ». On ne peut pas encore parler de maladie mais d'une faiblesse qui peut prédisposer à la maladie. C'est alors le moment d'intervenir pour remonter la pendule avant qu'elle ne s'arrête complètement. Le traitement réflexogène remplit merveilleusement bien ce rôle, en rechargeant un mécanisme qui commence à faiblir.

Il est nécessaire à présent de faire une digression à propos de certains lieux communs qui considèrent la technique réflexogène comme une méthode de « charlatans » qui accomplit, soi-disant, des miracles. Il n'existe pas de points magiques sur les pieds ou sur les mains sur lesquels on pourrait agir pour résoudre instantanément tous les types de problèmes. Il n'y a qu'une série de zones que l'on traite avec compétence et intelligence pour qu'une situation redevienne normale : pour cela, on favorise le retour à un bon fonctionnement des organes et du système nerveux et neurovégétatif. C'est grâce à ce premier résultat que l'on peut ensuite, parfois, susciter une amélioration spontanée en cas de problème plus

sérieux ou même de véritable maladie. Nous avons parlé indifféremment de réflexologie du pied et de la main car dans les deux cas, les mécanismes fondamentaux qui entrent en action sont les mêmes. Il existe pourtant de grandes différences entre les deux méthodologies.

La première est d'ordre pratique et concerne la possibilité de se soigner seul. Selon la définition fournie par l'Organisation Mondiale de la Santé (OMS), se soigner seul signifie veiller sur sa santé sans consulter un médecin. L'automédication est très pratiquée en France. Beaucoup de médicaments d'usage courant sont achetés sans ordonnance médicale mais ne donnent pas de grands résultats. Même s'ils ne sont pas dangereux en tant que tels, il est le plus souvent déconseillé de prendre trop à la légère les médicaments dits « de confort ».

Étant donné que la technique dont nous parlons constitue un moyen de combattre tous ces troubles traités généralement par ce type de médicaments, il est évident que ceux qui veulent se préoccuper activement de leur santé doivent en tenir compte.

Il faut donc se poser la question pour savoir si cette méthode convient pour soi ou pour les autres.

Il est évident qu'il n'est pas très facile de se masser les pieds et que les résultats obtenus ne sont pas toujours spectaculaires. Une position contractée ne permet pas le relâchement et neutralise donc un des premiers effets bénéfiques qu'entraîne ce type de massage et qui représente un premier pas vers le bien-être.

Le massage localisé de la main est plus facile à exécuter, présente moins de difficultés et nécessite moins de compétences méthodologiques. En effet, s'il existe des indications précises et des règles de base qui doivent être scrupuleusement observées quand on pratique un massage du pied, il suffit, pour le massage de la main, d'exécuter des pressions et des stimulations sur les points réflexes.

Naturellement, les résultats obtenus avec la main sont moins nets que ceux que l'on peut observer avec le pied, mais ils entraînent toutefois une amélioration appréciable de l'état de santé. Nous verrons que les choses sont toutefois un peu plus complexes quand nous aborderons la technique localisée sur les extrémités inférieures.

Autrefois, le lavage des pieds était considéré comme une forme de purification, d'hommage dû à un hôte, alors qu'aujourd'hui, les pieds sont négligés et délaissés. Ils sont en effet considérés comme une partie du corps qu'il faut cacher et même « sacrifier » dans des chaussures qui ne sont absolument pas physiologiques ; en outre, on ne consacre que très peu de temps aux soins des pieds.

Il y a encore peu de temps, les pieds étaient exclus des massages corporels car on pensait qu'ils n'avaient rien à voir avec le bien-être général. Heureusement, on redécouvre actuellement l'importance des pieds et on s'aperçoit de plus en plus que ces conceptions étaient absurdes.

Les pieds sont nos racines, notre point de contact avec les énergies de la terre ; ils constituent la base sur laquelle s'appuie toute notre structure corporelle. Dans le pied, nous trouvons le point de départ des réflexes nerveux qui vont en direction des différents organes ; en outre, le pied est le siège important du système circulatoire et vasculaire. En effet, la plante du pied est comme une éponge (appelée semelle de Lejart) : quand on marche, on exerce une compression qui favorise le retour du sang veineux vers le cœur.

C'est pourquoi, si l'on considère que la marche et l'exercice sont bénéfiques, la stimulation des extrémités inférieures est également très positive pour l'organisme. Cette stimulation accomplit une action de relaxation, de dépuration et de rééquilibrage des énergies et elle favorise aussi la circulation sanguine qui, une fois réactivée, irrigue davantage les organes.

Une fois que l'on connaît la grande sensibilité de ses « racines », on comprend aisément que leur manipulation nécessite de l'attention et des compétences.

La technique

Si, par commodité, on désigne la méthode employée en réflexologie sous le nom de « massage », elle n'a en pratique que peu de rapports avec les principes de cette technique. En effet, le massage consiste à exécuter des effleurements ou des pressions, alors que les attouchements localisés du pied sont des petites stimulations rapprochées, effectuées avec le bout du pouce, qui exécute un mouvement « ondulé » sur la zone à traiter. Il est important que le manipulateur ait les mains particulièrement soignées, qu'il n'ait pas de bagues et que ses ongles soient coupés courts. Il faut apprendre à exercer ces pressions rythmées, y compris sur des zones très petites, sans négliger la moindre surface d'épiderme. Le secret de cette technique réside dans la nature du mouvement qui transmet des impulsions aux zones nerveuses en se mettant au diapason des rythmes naturels du corps. La qualité d'un réflexologue tient précisément dans sa faculté à s'adapter à ces rythmes. Sur la main, il suffit au contraire d'exercer des pressions, soit avec les pouces, soit avec les instruments adaptés. Cette méthode ne doit pas être confondue avec une des pratiques biothérapeutiques, mais il est indéniable que le contact entre deux personnes entraîne fatalement un échange d'énergie que l'on pourrait appelé « feeling » et qui peut jouer un rôle dans la réussite du traitement. Il existe entre les individus des sympathies ou des antipathies instinctives et viscérales qui peuvent faciliter ou au contraire gêner tout type d'approche thérapeutique. Cet aspect ne doit pas être négligé quand on pratique le massage localisé, car si celui qui doit se soumettre au massage éprouve une répulsion instinctive envers le manipulateur, cela peut constituer un obstacle à la réussite du traitement. Cette précaution est valable dans l'autre sens et celui qui pratique le massage localisé doit apprendre à libérer son esprit de toute pensée négative pour ne ressentir aucune prévention envers celui qu'il traite. Venons-en à présent, plus concrètement, à la façon de masser. Il existe deux étapes fondamentales : la recherche des points douloureux et le traitement à proprement parler.

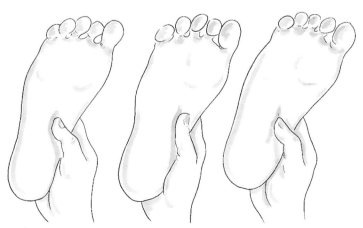

Le mouvement « ondulé » du pouce

La recherche
des points douloureux

Comme le réflexologue ne fait pas de diagnostics, pas de thérapies et pas de prescriptions, il faut qu'avant de commencer, il connaisse les caractéristiques psychophysiques de celui qu'il va traiter. Cette connaissance s'acquiert avant tout par la recherche des points douloureux grâce à la palpation.

Grâce aux liens qui existent entre les zones du pied et le système nerveux, des milliers de réflexologues du monde entier ont pu vérifier que le trouble ou la carence en énergie d'un organe provoquait une réponse douloureuse correspondante dans la zone réflexe du pied. La recherche préliminaire, attentive et méticuleuse, exécutée sur tous les organes et les appareils, permet d'obtenir une vue générale de la situation : cette dernière constitue une bonne hypothèse de travail que l'on peut ensuite utiliser au cours des rencontres suivantes.

Cette phase est donc extrêmement importante et doit être exécutée de façon très minutieuse. Les pressions doivent être plus accentuées que lorsque l'on effectue le véritable traitement.

Les réponses douloureuses donnent des indications mais elles doivent être correctement interprétées, puisqu'elles peuvent être de plusieurs types.

On peut avoir une réponse très vive et plutôt localisée, comme à la suite d'une piqûre : il s'agit alors d'une inflammation en cours, d'un trouble récent et présent sous forme aiguë.

Une douleur plus profonde et plus diffuse met en évidence des troubles plus anciens, chroniques, mais encore présents. Une ancienne pathologie, une fracture résorbée ou une ablation d'organe déjà pratiquée peut donner une réponse faiblement douloureuse. Il est évident que le massage aura des effets plus immédiats si les troubles sont récents, mais que la durée du traitement sera plus longue si les problèmes existent depuis longtemps.

La recherche des points douloureux est une phase importante mais elle ne permet pas de se faire une idée définitive d'un état de santé : en effet, de nombreux éléments contingents peuvent entraîner des réponses appelées à se modifier en peu de temps. Le cycle menstruel pour les femmes, la fatigue, une inflammation en cours, comme par exemple un rhume latent, peuvent altérer les réponses du pied en faisant apparaître des troubles qui ne sont que passagers. Il est donc conseillé, à chaque traitement, de vérifier que les points douloureux ont encore les mêmes caractéristiques que précédemment, avant d'en tirer les conclusions qui s'imposent. En revanche, les douleurs constantes qui se présentent à chaque contrôle confirment la présence d'un trouble effectif. Après cette première phase, on peut commencer le traitement véritable. Il devra être exécuté selon un schéma précis, conçu spécialement pour obtenir de très bons résultats avec le moins de phénomènes annexes possible.

Le traitement

La méthode que l'on considère généralement comme la plus correcte consiste à stimuler les points douloureux. D'après nos expériences et nos recherches, nous avons au contraire mis au point une séquence de massage que nous considérons comme plus efficace, puisque cette technique permet d'obtenir de très bons résultats. On commence par une phase de relaxation et de respiration, que l'on obtient grâce à une sorte de mouvement de « pompage » effectué en tirant et en relâchant les pieds vers soi ; on passe d'un pied à l'autre en suivant le rythme respiratoire, une dizaine de fois. Ensuite, on stimule les différents appareils selon une séquence logique déterminée à l'avance sur des bases physiologiques.

1. Appareil urinaire : sa stimulation agit comme une « ouverture » de base des voies d'élimination. Cet appareil doit toujours être massé au début et à la fin de chaque traitement pour faciliter l'évacuation des toxines.

2. Système nerveux : on met en action les mécanismes propres de la technique réflexogène ; c'est le « starter » pour les réactions nerveuses qui doivent se produire si l'on veut que le traitement réussisse.

3. Système lymphatique : on facilite l'écoulement de la lymphe qui agit comme moyen ultérieur d'élimination des toxines, favorisant ainsi l'activité du système immunitaire.

4. Appareil respiratoire : on permet une meilleure dépuration de l'organisme en favorisant l'élimination de l'anhydride de carbone. On améliore l'oxygénation du sang et on favorise la respiration.

5. Appareil squelettique et musculaire : on agit sur toute la structure portante du corps. C'est un des points clés pour résoudre tous les problèmes squelettique, musculaire ou articulaire.

6. Appareil digestif : avec celle de l'appareil urinaire, la stimulation de l'appareil digestif représente une des bases nécessaire à un bon équilibre de tout l'organisme. Son bon fonctionnement assure l'absorption et l'élimination. Il joue un rôle primordial au cours d'un traitement réflexogène.

7. Appareil cardio-circulatoire : on ne peut agir sur les points réflexes de cet appareil qu'après avoir demandé à la personne que l'on traite s'il n'y a pas de contre-indications (cf. le chapitre consacré à cet appa-

reil page 68). En cas de réponse négative, on peut inscrire le massage de ces points dans le traitement initial.

8. Appareil génital : la stimulation des organes sexuels est surtout importante pour un bon fonctionnement hormonal et elle ne doit donc pas être négligée au cours d'un traitement général.

9. Organes des sens : la vue et l'ouïe sont importantes, même en l'absence de problèmes spécifiques. Il faut toujours introduire leur stimulation dans la phase préparatoire.

10. Système endocrinien : un bon fonctionnement des glandes endocrines détermine l'équilibre psychophysique d'un individu. Dans le cadre d'un massage généralisé, il faut partir de l'hypophyse et terminer par les gonades. Dans le cas d'un massage spécifique, il faut étudier chaque cas.

11. Plexus solaire et points sciatiques : en ce qui concerne ces points, il faut établir quand et comment exécuter le traitement en fonction des besoins (cf. le chapitre correspondant page 88).

Mouvement de respiration à effectuer au début du traitement. Il s'exécute sur les deux pieds (d'abord le gauche puis le droit) en suivant le rythme respiratoire de la personne qui reçoit le massage. Il s'agit d'un mouvement de traction en phase d'inspiration et d'un relâchement en phase d'expiration. Ce mouvement permet d'obtenir une relaxation complète et favorise une bonne respiration

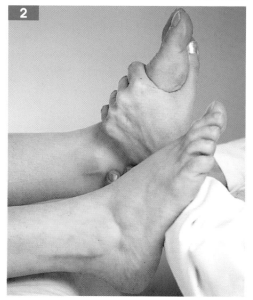

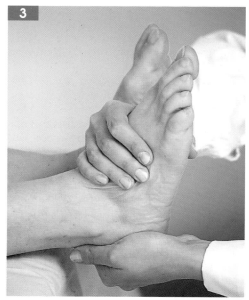

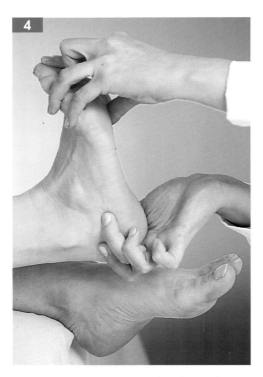

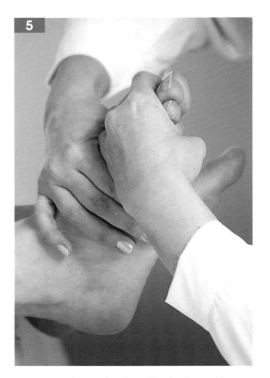

Mouvement de « pompe » à exécuter à la fin du massage en suivant le rythme cardiaque. On l'effectue en tenant le talon et en tirant et relâchant l'avant-pied. Le pouce est placé sur le point du plexus solaire et le médius sur le troisième orteil. Ce mouvement favorise le retour du sang veineux. Il est utile pour la circulation. Il ne doit pas être effectué sur des personnes hypertendues ou ayant des problèmes cardio-circulatoires

Mouvement de torsion du pied que l'on effectue avec les deux mains. Il sert à mobiliser les os du pied et à favoriser leur élasticité

Mouvement de pression-friction des zones réflexes de l'intestin.
Il favorise le péristaltisme

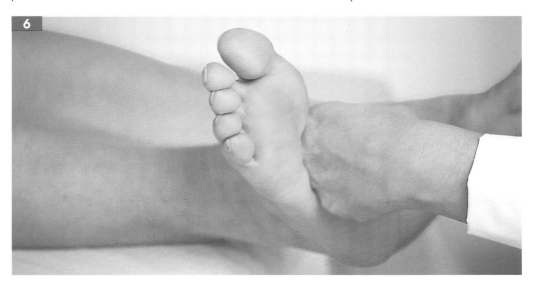

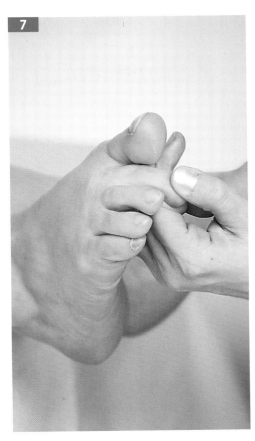

Mouvement de traction des orteils qu'il faut effectuer sur tous les doigts sauf sur le gros orteil. Il permet d'atténuer la tension nerveuse

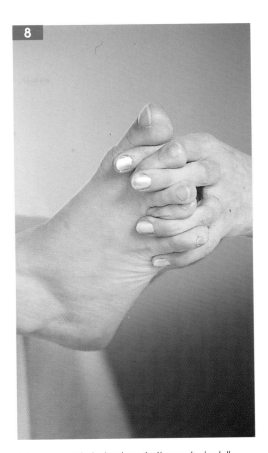

Mouvement de torsion de l'avant-pied. Il s'effectue en insérant ses doigts entre les orteils. Il faut l'exécuter avec prudence pour éviter de provoquer des douleurs. Ce mouvement permet de réactiver les énergies

Cette séquence doit toujours être exécutée au début de chaque traitement pour préparer l'organisme à recevoir les stimulations et pour ouvrir les voies d'élimination. Au cours de la phase préparatoire, il faut effectuer trois passages sur ces différents points. Par la suite, il faut insister plusieurs fois sur les points douloureux. C'est ainsi que l'on exécute en tout une dizaine de passages sur chaque point particulier.

Il est déconseillé d'aller au-delà car une stimulation prolongée n'aurait plus aucun effet. La meilleure chose à faire est éventuellement de revenir plusieurs fois sur un même point, en entrecoupant cette intervention par d'autres manipulations.

À la fin du traitement, il faut renouveler la stimulation de l'appareil urinaire, en allant des reins à la vessie.

Sur la base de notre expérience, nous sommes plutôt opposés à l'idée de donner des conseils sur les traitements à effectuer pour les différents troubles : en effet, nous pensons que chaque situation doit être appréhendée au cas par cas. Pour satisfaire l'inévitable curiosité du lecteur, nous avons toutefois choisi les troubles les plus fréquents touchant les différents appareils, et nous leur avons associé les traitements de base. N'oubliez pas que ceux-ci doivent toujours être exécutés avec prudence et seulement s'il n'existe pas de contre-indications.

L'exécution du massage

Ceux qui veulent pratiquer le massage localisé doivent absolument connaître ses règles de base pour pouvoir obtenir de très bons résultats.

Il existe en effet des modalités précises concernant les étapes, la façon de faire, l'intensité et la durée du massage. Ces modalités peuvent subir de grandes variations selon les cas et les circonstances.

Il faut déjà savoir si le massage est effectué dans un cadre familial, ou au contraire à l'intérieur d'une structure médicale ou paramédicale, c'est-à-dire professionnellement.

Dans le premier cas, la durée et la fréquence des séances peuvent être définies selon les besoins et la disponibilité de celui qui effectue le massage et de celui qui le reçoit.

Dans le second cas, au contraire, il faut déterminer à l'avance aussi bien la progression que la durée des séances.

Nous allons résumer brièvement les règles qu'il faut observer si l'on veut agir correctement et efficacement.

L'environnement

Il est conseillé de pratiquer le massage localisé dans un lieu assez spacieux, bien aéré ; la température doit y être agréable et la pièce suffisamment calme et surtout hygiéniquement irréprochable. La lumière ne doit pas être aveuglante mais les pieds doivent être bien éclairés pour faciliter leur inspection. Les mycoses, les cals ou les durillons trop épais doivent être éliminés avant de commencer le traitement. Si vous constatez ces anomalies, il faut conseiller à la personne qui va recevoir le massage d'aller chez le podologue ou, en cas de mycose, chez le dermatologue. Une musique de fond, naturellement douce et à faible volume, peut contribuer à créer un climat de tranquillité et de relaxation, indispensable à la réussite du traitement.

La position

Il est important que la personne qui se soumet au massage soit en position horizontale. Il faut toutefois que sa tête soit légèrement soulevée pour que le manipulateur puisse contrôler son expression et ses réactions au cours du massage. Il faut également éviter les stimulations très intenses qui provoquent une douleur trop forte. La meilleure solution consiste à utiliser une table de massage avec un dossier réglable, comme celle que l'on trouve dans les cabinets médicaux. Cette table doit être recouverte d'un drap blanc, en tissu ou en papier, remplacé à chaque séance. S'il fait froid, il faut recouvrir la personne à masser d'une fine couverture en laine. S'il fait chaud, on peut la couvrir d'une couverture en coton ou d'un drap léger. La personne est donc allongée et elle n'a rien sous la main qu'elle puisse serrer ou comprimer ; ses pieds dépassent légèrement du bord inférieur de la table pour faciliter le travail du masseur. Un coussin rond disposé sous les genoux de la personne massée favorise enfin le relâchement des membres inférieurs.

La durée

Sauf exceptions dues à certains types de problèmes, à l'âge ou à la condition physique de celui qui doit recevoir le massage, un traitement dure en moyenne 45 minutes. La séance se décompose ainsi : massage préparatoire généralisé, stimulation de chaque point et des points douloureux rencontrés, manipulations de fin de séance (stimulation des organes d'élimination) et manipulations de relaxation.

La fréquence

En général, un message doit être effectué avec une fréquence d'une ou deux fois par semaine, en fonction des besoins et de la disponibilité de la personne concernée.

La meilleure chose à faire est de fixer deux séances hebdomadaires au cours des deux premières semaines, puis de poursuivre avec une seule séance au cours des semaines qui suivent. Il faut faire une exception avec les enfants, les personnes âgées ou bien les gens qui ont un système nerveux ébranlé ou fragile. Dans ce cas, il faut réduire la durée du massage mais augmenter le nombre de séances. Comme d'habitude, il faut étudier chaque situation en fonction des besoins.

Il est difficile de définir a priori le nombre de traitements qui sera nécessaire pour résoudre un problème, puisque cette durée dépend de sa nature. On peut vous donner, comme ordre d'idées, un nombre maximal de douze ou quinze séances, que vous pourrez allonger ou réduire selon les capacités de réaction du sujet traité et le type de trouble que vous devez traiter.

Il est évident que les formes aiguës et récentes nécessiteront des temps de récupération plus brefs, alors que des troubles devenus chroniques devront être traités avec plus de constance. Il est conseillé, après les dix premières séances, de différer les traitements dans le temps, en allongeant les pauses entre deux traitements (par exemple un tous les quinze jours), pendant quelques mois.

Cela permet de consolider les résultats obtenus et de retrouver plus facilement un état de santé parfait.

L'intensité

On considère souvent qu'un massage n'est efficace que s'il est exécuté énergiquement et que s'il provoque de la douleur. Il n'y a rien de plus faux ! Il faut savoir que la douleur entraîne une contraction des muscles et des nerfs et qu'elle crée donc un blocage du système nerveux, alors qu'un état de relâchement est un préalable à toute thérapie.

Dans le cas d'un massage localisé, la pression que l'on exerce sur les zones réflexes ne doit pas provoquer de sensations désagréables, mais être ressentie comme une impulsion tonifiante et rassurante.

Il faut aussi évaluer la structure physique de la personne que l'on doit masser. Chaque pied a ses caractéristiques : il peut être dur et compact (les pieds des hommes sont souvent traités plus énergiquement), petit avec des os fragiles (les enfants et les personnes âgées) ou gonflés et hématiques (comme ceux de nombreuses femmes). Un bon réflexologue doit apprendre à se faire une idée de la personne qu'il a devant lui et agir de manière adéquate. Ses qualités professionnelles dépendent en grande partie de sa capacité à différencier chaque cas.

L'automassage

Se masser les pieds seul n'est pas facile à faire, à moins que vous soyez particulièrement agile ou souple. En outre, l'automassage contraint le corps à adopter une position inconfortable qui provoque une interruption dans les circuits nerveux et énergétiques et qui diminue l'effet du massage. L'automassage de la main est au contraire recommandé : il peut notamment être effectué n'importe où et n'importe quand, même en public, sans que personne ne s'en aperçoive. Le massage de sa propre main ou de celle des autres n'est soumis à aucune règle précise et ne nécessite aucune connaissance technique ou scientifique particulière.

Pour ceux d'entre vous qui ne peuvent pas se soumettre au massage plantaire, une stimulation constante des zones palmaires peut constituer une très bonne méthode pour rester en forme.

Les contre-indications

Il existe toujours, même dans les thérapies les plus inoffensives, des cas où il est recommandé de s'abstenir. Ainsi, la pratique du massage localisé comporte quelques contre-indications qu'il est bon de connaître.

• La plus importante d'entre elles est de ne jamais traiter une personne atteinte d'une pathologie grave sans l'autorisation de son médecin traitant. Même si dans de nombreux cas on a déjà obtenu des résultats positifs, il est préférable de ne pas créer d'interférences avec les thérapies pharmacologiques en cours.

• Il ne faut pas traiter des personnes atteintes de pathologies cardiaques ou cardio-vasculaires, comme la thrombose, la thrombophlébite, etc.

• Il ne faut pas traiter les femmes enceintes, surtout au cours des trois premiers mois ; pendant toute la grossesse, il faut toujours agir sous contrôle médical.

• Il ne faut pas traiter les femmes au cours des premiers jours de leurs règles, surtout si leur écoulement sanguin est abondant.

• Il ne faut pas pratiquer un massage juste après un repas copieux mais attendre un délai de trois heures avant de le faire.

• Il ne faut pas pratiquer le massage sur un individu extrêmement agité ou en proie à une crise de nerfs. Dans ce cas, il faut se contenter d'effectuer des manipulations de relaxation, tout du moins tant que la situation n'est pas redevenue normale.

Les réactions

Après la première séance de massage, il peut arriver que l'on assiste à certaines réactions ; toutefois, si le traitement a été exécuté correctement, celles-ci ne doivent pas être particulièrement intenses. On peut observer une augmentation de la diurèse, une plus grande motilité intestinale, une sensation de fatigue musculaire, une altération du rythme veille-sommeil, ou une légère sensation de vertige. Tout cela rentre dans l'ordre car ces réactions ont parfois comme origine

le traitement, qui déplace les toxines présentes dans l'organisme. Pour éviter que ces réactions ne durent trop longtemps, il faut agir principalement sur les organes d'élimination en début et en fin de massage. Ainsi, les toxines mises en circulation sont éliminées par les organes concernés ; les effets secondaires provoqués par le massage sont moins forts et ne réapparaissent pas au cours des traitements suivants, laissant ainsi la place à une sensation de bien-être. Pendant le massage, il faut surveiller les réactions du sujet : il peut avoir froid, transpirer des mains ou des pieds, être dans un état de somnolence ou d'agitation. Ces manifestations doivent être soigneusement enregistrées et avoir une influence sur le cours du traitement.

Le rapport avec les médecins

C'est un sujet délicat, qui doit être abordé avec prudence et intelligence. Le rôle d'un réflexologue est de rééquilibrer un organisme en favorisant ses capacités d'autoguérison. « Soigner un malade » n'entre pas dans ses compétences. Cette mission revient exclusivement au médecin et personne n'a le droit de s'en mêler. Comme certains comportements ont dérogé à cette règle absolue, la réflexologie a subi, pendant des années, de dures attaques de la part de la médecine officielle.
Un bon rapport de collaboration peut naître au contraire si ceux qui pratiquent la réflexologie adoptent un comportement humble et professionnel, qui peut même conduire les plus sceptiques d'entre eux à accepter l'efficacité d'un tel traitement. En cas de vraie pathologie, une coopération avec le médecin traitant peut donner des résultats probants. De nombreux médecins commencent à avoir davantage confiance dans le massage localisé et à rechercher la collaboration de spécialistes.
Cette collaboration ne deviendra de plus en plus fréquente que si ceux qui pratiquent cette technique le font avec compétence. Les résultats obtenus par un traitement exécuté correctement constituent la meilleure publicité qui soit pour viser des objectifs de plus en plus hauts et les atteindre.

L'appareil urinaire

L'appareil urinaire comprend les reins, l'uretère, la vessie et l'urètre.

La fonction de l'appareil urinaire est fondamentale dans l'économie générale de l'organisme car elle permet d'éliminer avec l'urine les scories et les toxines qui se sont formées dans le sang au cours des processus d'échange.

Les reins sont des organes qui sont régulateurs à la fois de l'équilibre hydrique et minéral.

Comme l'appareil urinaire est très complexe et qu'il est relié à de nombreux organes, il peut être touché par de multiples maladies. Son bon fonctionnement peut faire évoluer positivement des situations qui ne sont apparemment pas directement liées à cet appareil. Il est donc très important, surtout pour un réflexologue, d'observer attentivement tous les phénomènes liés à la diurèse.

La stimulation des zones réflexes relatives à l'appareil urinaire constitue, dans le massage localisé, un des points clés pour la réussite d'un traitement. En effet, en favorisant une plus grande élimination d'urine, on libère un processus de désintoxication, ce qui constitue le premier pas vers le rééquilibrage de toutes les fonctions de l'organisme.

Dans la pratique

L'appareil urinaire, comme on l'a dit, remplit une fonction déterminante pour la santé d'un individu. Les carences de fonctionnement des organes d'élimination peuvent entraîner la formation d'œdèmes, une mauvaise élimination de l'acide urique, favoriser une tendance à uriner trop fréquemment ou, au contraire, provoquer une diurèse réduite ou douloureuse, l'apparition de calculs dans l'appareil urinaire et des difficultés dans la miction. Le massage localisé ne peut pas guérir des cas de maladies déclarées mais, grâce à sa pratique, on peut intervenir sur les troubles qui sont non seulement désagréables, mais qui, avec le temps, peuvent se transformer en véritables pathologies, échappant du même coup au pouvoir du réflexologue. Nous allons voir quels sont les troubles les plus communs et les plus courants sur lesquels on peut intervenir.

La cystite

L'inflammation de la vessie est appelée cystite. Elle est généralement due à une infection bactérienne de la vessie et frappe surtout les femmes. Elle est souvent provoquée par des microbes qui arrivent dans la vessie par voie descendante, c'est-à-dire par les reins, par voie ascendante, c'est-à-dire par l'urètre ou, enfin, par voie sanguine ou lymphatique.

Le traitement spécifique pour la cystite doit être effectué sur les reins (9), l'urètre (10), et la vessie (11), en insistant sur la vessie. Il faut également agir sur l'appareil génital (100, 101, 102), sur le système lymphatique (21, 22, 23, 24, 25, 26) et sur l'appareil digestif (de 70 à 86 et de 89 à 92). En ce qui concerne la main, il suffit de masser les zones des reins, de l'urètre, de la vessie et de l'appareil génital.

L'incontinence d'urine nocturne

L'émission involontaire d'urine, ou « énurésie », doit être bien distinguée de l'incontinence pathologique, c'est-à-dire d'une perte d'urine persistante due à des lésions organiques.

Ce phénomène se manifeste surtout la nuit. Il peut être la conséquence d'altérations de la vessie ou du sphincter vésical. Toutefois, l'incontinence nocturne d'urine n'est généralement pas due à des causes physiologiques, mais exprime plutôt un état conflictuel profond chez une personne. Il faut donc envisager d'autres possibilités thérapeutiques en parallèle avec le massage localisé.

Sur le pied, il faut traiter les zones de l'appareil urinaire dans l'ordre suivant : la vessie (11), l'uretère (10), les reins (9) (dans ce cas, il ne s'agit pas de faciliter la diurèse mais de tonifier les organes ; on sollicite également toutes les zones liées au système nerveux, le cerveau (16), le cervelet (17), la moelle épinière (18), le plexus solaire (119) ainsi que l'aine (88) et la circulation lymphatique inguinale (25). Sur la main, il suffit de traiter les zones de l'appareil urinaire et celles du système nerveux.

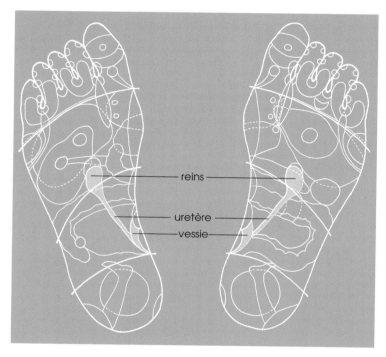

— reins —
— uretère —
— vessie —

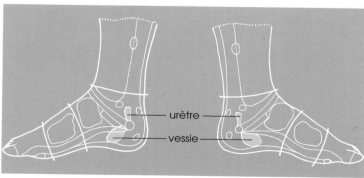

— urètre —
— vessie —

L'œdème

Un œdème est une accumulation anormale de liquide exsudé à travers les parois vasculaires. Le liquide s'accumule davantage dans les tissus les plus lâches. Dans la plupart des cas, les zones intéressées sont les membres inférieurs. Les causes des œdèmes sont diverses et concernent aussi bien l'appareil cardiaque que les reins. Dans un cas semblable, il est conseillé d'agir en accord avec le médecin traitant et d'aborder la maladie avec beaucoup de prudence.

Il existe toutefois des causes moins graves qui peuvent être de la compétence du réflexologue : c'est le cas, par exemple, de l'insuffisance veineuse des membres inférieurs ou des œdèmes lymphatiques liés à la personnalité du malade, à son travail ou à sa posture. Dans ce type de cas, les points spécifiques à trai-

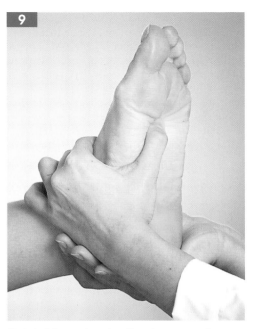

Point réflexe du rein : il se trouve sur la plante des deux pieds, sur la dépression située entre les arcades plantaires présentes sous les orteils

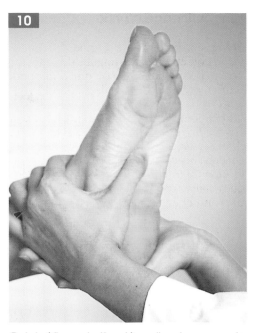

Point réflexe de l'uretère : il se trouve sur la plante des deux pieds ; en partant en diagonale du rein, on atteint la zone réflexe de la vessie

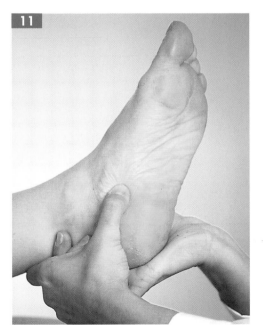

Point réflexe de la vessie : il se trouve au milieu et sur le bord de chaque pied, à trois doigts environ de la malléole

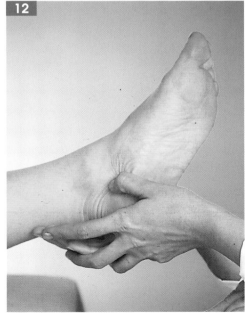

Point réflexe de l'urètre : on le trouve sur les deux pieds, au-dessus de la zone du pénis ou du vagin

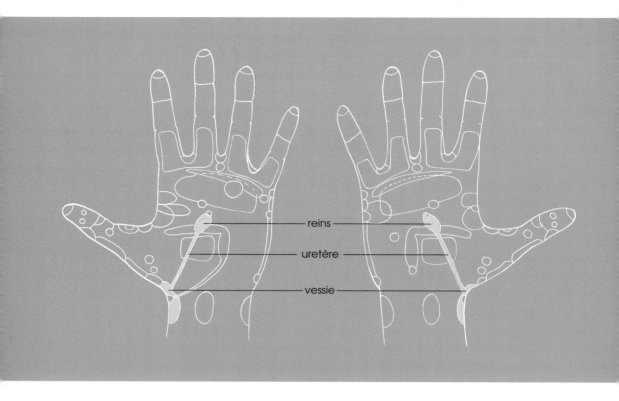

reins ——

uretère ——

vessie ——

ter sont : les glandes surrénales (117), les reins (9), l'uretère (10), la vessie (11), la rate (98), la circulation sanguine (97), les vertèbres lombaires (44). Sur la main, il faut traiter : les reins, l'uretère, la vessie, les glandes endocrines, les vertèbres lombaires.

Les calculs rénaux

Le problème des calculs est un peu à part : en effet, ils peuvent, dans certains cas, être traités par le massage localisé, mais cela demande de la part du thérapeute une préparation et des connaissances particulières pour effectuer une bonne évaluation du cas spécifique traité. Nous conseillons donc à ceux qui veulent pratiquer le massage réflexogène en amateur de ne pas traiter les cas de calculs rénaux. Il en va de même pour toutes les affections de l'appareil urinaire qui sont classées parmi les vraies pathologies et qui ne sont donc pas de la compétence du réflexologue.

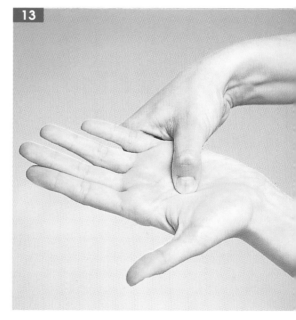

13

Point réflexe du rein : il se trouve au centre de la paume des deux mains

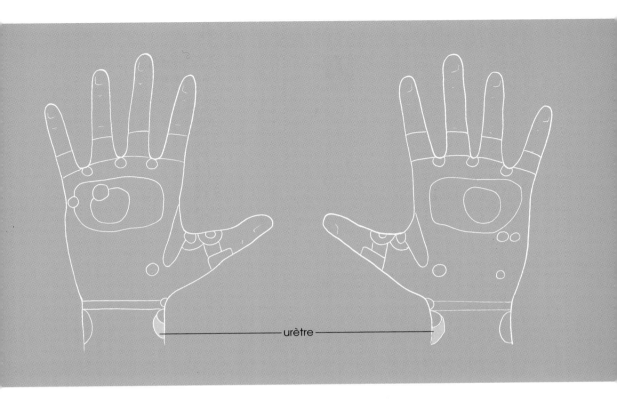

urètre

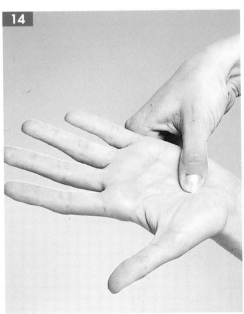

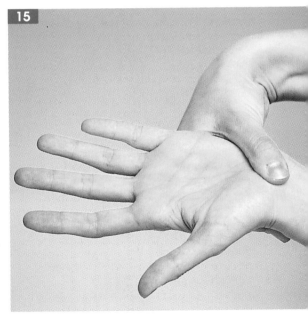

Point réflexe de l'uretère : il se trouve sur la paume des deux mains. On le stimule en descendant vers la base du pouce

Point réflexe de la vessie : il se trouve à la base du pouce des deux mains

Le système nerveux

Le système nerveux comprend le cerveau, le cervelet et la moelle épinière.

Il n'est sûrement pas nécessaire d'insister sur le fait que le système nerveux est d'une extrême importance pour l'équilibre psycho-physique d'un individu. Nous n'allons pas aborder le fonctionnement du système nerveux dans le détail car ces explications seraient d'une grande complexité. Nous ne voulons pas vous embrouiller avec des précisions qui nécessitent de grandes connaissances de la physiologie humaine. Notre but est uniquement de vous informer des possibilités de massage localisé et de vous donner les techniques de base.

Il existe deux aspects liés au système nerveux : l'un concerne la sphère émotionnelle de l'individu, l'autre se rapporte au contraire

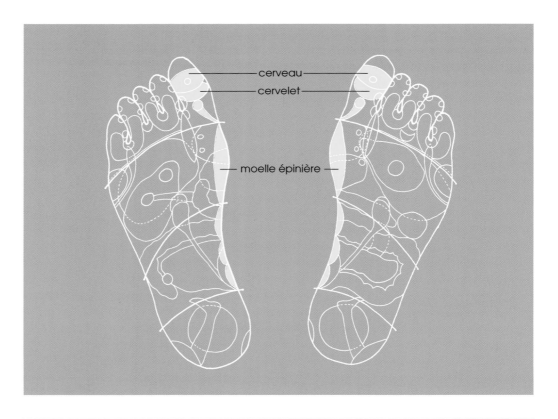

cerveau

cervelet

moelle épinière

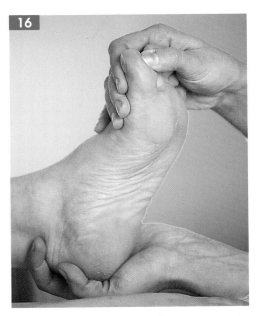

aux affections qui touchent les nerfs spinaux qui sont reliés à tous les organes et aux muscles du corps, et qui influencent leur fonctionnement.

Dans le premier cas, nous assisterons à des phénomènes de type psychique qui se manifestent par des déséquilibres dans le caractère, des dépressions, des phobies, de l'instabilité, de l'insomnie, de l'impuissance, de la frigidité, ainsi que par toutes les formes d'inquiétude qui caractérisent un équilibre intérieur altéré. La réflexologie peut jouer un rôle dans le traitement de ces troubles mais cela demande une évaluation très attentive du problème et une grande compétence de la part du thérapeute.

Dans le second cas, au contraire, on peut agir sur le système nerveux : quel que soit le type de douleur ou de trouble, le système nerveux central est toujours le point de départ des impulsions qui sont transmises aux zones périphériques du corps.

Le massage des zones réflexes du système nerveux est donc très important pour traiter toutes les manifestations douloureuses qui

Point réflexe du cerveau : il se trouve sur la plante des deux pieds, sur l'arcade du gros orteil, sous la zone de la calotte crânienne

Point réflexe du cervelet : il se trouve sur les deux pieds, juste au-dessous de la zone du cervelet et au-dessus de l'articulation du gros orteil

Point réflexe de la moelle épinière : il se trouve sur les deux pieds. Ce point s'étend le long du premier métatarsien, de la zone située sous le gros orteil jusqu'à la zone coccygienne (cf. l'appareil squelettique)

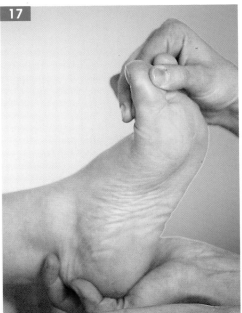

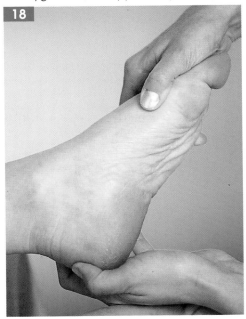

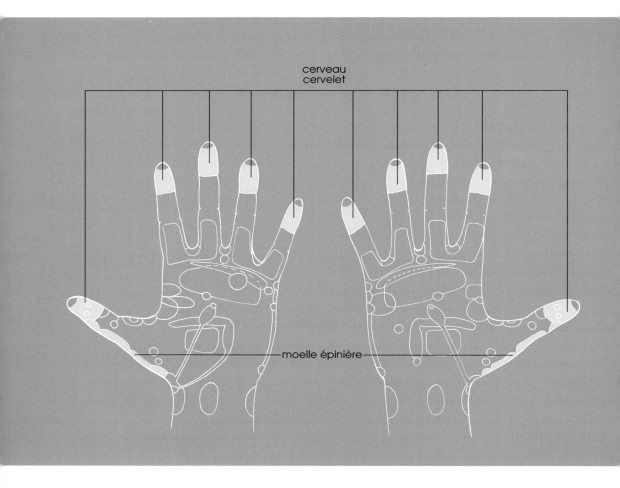

cerveau
cervelet

moelle épinière

affectent les membres inférieurs et supérieurs : celles-ci sont généralement dues à des inflammations des nerfs qui partent de la colonne vertébrale.

Il faut en outre souligner que le traitement du système nerveux cérébro-spinal donne des résultats exceptionnels en association avec d'autres thérapies, en cas de séquelles de parésies d'origine circulatoire ou traumatique.

Dans la pratique

Le rétablissement moteur

Quand un membre a perdu sa fonctionnalité à la suite d'un traumatisme ou d'une parésie, il faut centrer le traite-

ment sur la stimulation du système nerveux (16, 17, 18), en allant du haut vers le bas puis du bas vers le haut. Il faut en outre stimuler les zones qui concernent les membres touchés. Il est évident que dans ce cas, il faut s'entendre avec le médecin traitant et ne pas commencer le traitement avant que celui-ci n'ait démarré d'autres thérapies.

Les maladies propres au système nerveux

En dehors des troubles du psychisme, il existe des maladies très graves propres au système nerveux cérébro-spinal : la maladie de Parkinson, la sclérose en

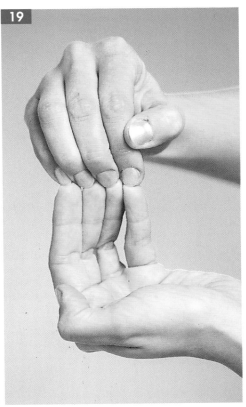

Points réflexes du cerveau : ils se trouvent à l'extrémité de tous les doigts. On les stimule en pressant les doigts les uns contre les autres, par pulsations

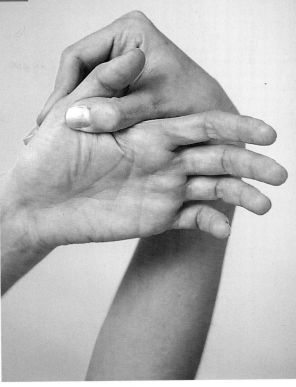

Point réflexe de la moelle épinière : il se trouve à la base de chaque pouce et est stimulé par un mouvement « ondulé »

plaques, l'épilepsie, etc. Elles constituent souvent un point de non-retour dans la vie d'un individu et ceux qui en sont atteints font souvent appel à la réflexologie comme dernier recours.

Dans ce type de cas, il est préférable que celui qui pratique la réflexologie soit le plus honnête possible.

Ainsi, il ne faut pas donner de fausses espérances à quelqu'un qui est déjà éprouvé, même si une série de traitements constants et prolongés peut soulager sa douleur.

Nous parlons bien ici de soulagement et non de guérison. Il faut condamner toute forme de spéculation provenant d'un réflexologue.

Le traitement de ces malades doit donc être exécuté avec beaucoup de prudence, en observant bien les réactions qui se produisent. Le massage, léger et peu prolongé, doit être effectué sur les zones nerveuses (16, 17, 18) et aussi sur tous les organes d'élimination, les appareils urinaire (9, 10, 11) et digestif (de 70 à 92).

Cette technique est également valable pour ceux qui souffrent de troubles psychiques, de dépression, d'angoisses ou de peurs. Il n'existe pas de points spécifiques sur lesquels agir et il faut se contenter d'une prise de contact avec le malade et ses extrémités. Cette relation doit être relaxante, amicale et réconfortante.

Avec le temps et l'évolution de la situation, on peut, au cas par cas, choisir un traitement plus ciblé.

Le système lymphatique

Le système lymphatique est constitué par la circulation lymphatique (« lagune » lymphatique, lymphatique supérieure, lymphatique axillaire, tronc lymphatique, lymphatique inguinale, lymphatique inférieure) et des organes annexes (amygdales-végétations adénoïdes et appendice).

Le système lymphatique a une configuration complexe, semblable à celle du système sanguin. Il est composé de vaisseaux lymphatiques dont le parcours est parsemé de ganglions lymphatiques situés près du cou, aux aisselles, dans la région tronc-thorax, à l'aine et le long de la partie inférieure des jambes.

Les vaisseaux lymphatiques partent du tissu interstitiel et sont transportés par des canaux dont le diamètre s'élargit au fur et à mesure. Ils sont dirigés vers des troncs qui débouchent sur des canaux qui collectent la lymphe. Le canal thoracique, à gauche, et le conduit lymphatique, à droite, se déversent à l'intersection veineuse formée par la confluence des veines jugulaires, interne et sous-clavière.

Ce point, extrêmement important, est défini comme la « lagune lymphatique » : il constitue une des clefs qu'il faut toujours stimuler avant d'effectuer une manipulation sur l'ensemble du système lymphatique. La stimulation des zones réflexes du système lymphatique est très importante parce qu'elle favorise certainement l'écoulement de la lymphe. L'échange de lymphe renouvelle le liquide intercellulaire. L'apport de « nouvelle » lymphe est indispensable pour les cellules qui peuvent ainsi se renouveler, vivre plus longtemps et donc développer les

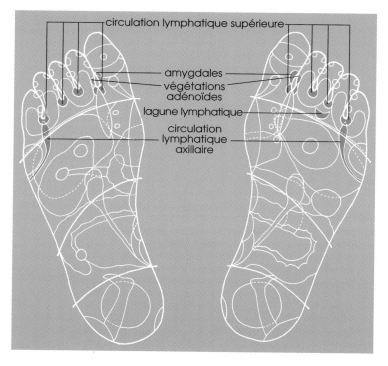

circulation lymphatique supérieure

amygdales

végétations adénoïdes

lagune lymphatique

circulation lymphatique axillaire

défenses immunitaires de l'organisme. Les amygdales et les végétations font également partie du système lymphatique. Les végétations forment un anneau de tissu lymphatique situé à l'entrée des voies respiratoires et de l'œsophage. Elles constituent une barrière de protection qui participe à la défense générale de l'organisme.

Dans la pratique

Le système lymphatique doit être stimulé dans de très nombreux cas d'affections, mais il existe surtout des troubles pour lesquels il constitue le point clé d'un traitement réussi.

L'amygdalite

L'amygdalite, plus connue sous le terme « d'amygdales », est une maladie qui touche principalement les enfants et qui conduit souvent à l'ablation des amygdales. Cette intervention chirurgicale résout ce problème momentanément mais s'accompagne parfois d'une moindre efficience du système immunitaire et expose davantage le sujet aux maladies. Avant d'en arriver à cette solution extrême, il est conseillé de recourir au massage réflexogène qui, dans la plupart des cas, peut constituer un très bon remède. Il est recommandé d'effectuer un massage généralisé, en insistant ensuite sur la zone des amygdales et des végétations adénoï-

des (27, 28), sur la circulation lymphatique supérieure (22), en commençant toujours par la stimulation de la « lagune » lymphatique (21). En outre, il faut masser plusieurs fois les zones de l'appareil urinaire (9, 10, 11) et digestif (de 70 à 92). Chez les enfants, le traitement des mêmes zones sur la main est particulièrement indiqué.

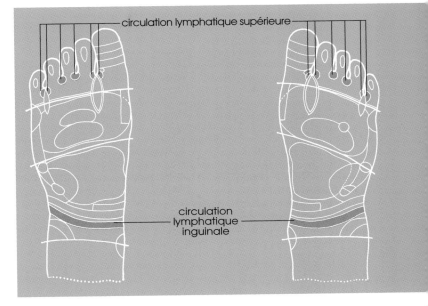

circulation lymphatique supérieure

circulation lymphatique inguinale

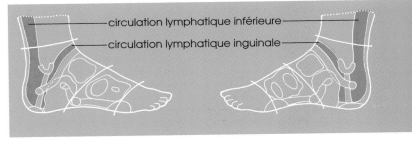

circulation lymphatique inférieure

circulation lymphatique inguinale

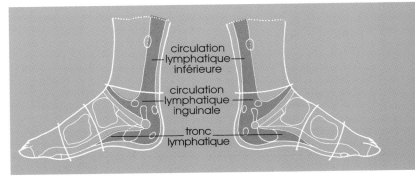

circulation lymphatique inférieure

circulation lymphatique inguinale

tronc lymphatique

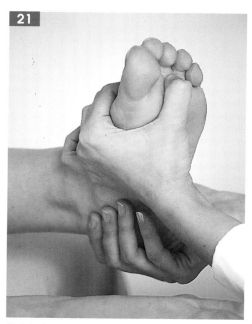

Point réflexe de la lagune lymphatique : il se trouve sur la plante du pied gauche entre le troisième et le quatrième orteil. Ce point doit toujours être stimulé au début d'un traitement par une série de pressions profondes

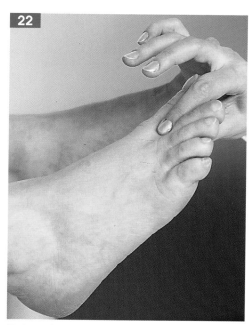

Points réflexes de la circulation lymphatique supérieure : ils sont entre chaque doigt des deux pieds, que ce soit sur le dessus ou sur la plante

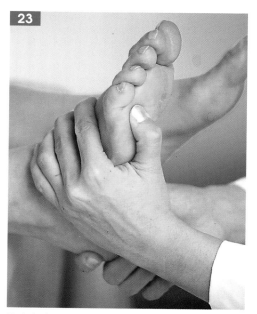

Point réflexe de la circulation lymphatique axillaire : il se trouve sur le côté de chaque pied, sous le cinquième doigt, autour de la zone de l'épaule

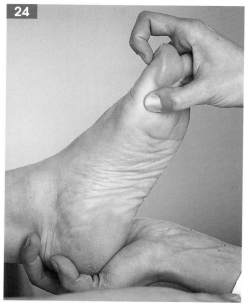

Point réflexe du tronc lymphatique : c'est une ligne située sous la zone de la colonne vertébrale, dans la partie molle du pied, et qui va de l'articulation du gros orteil au point de la vessie

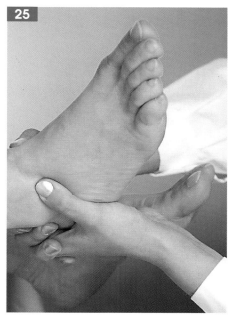

25

Point réflexe de la circulation lymphatique inguinale : il se trouve sur les deux pieds. C'est une ligne qui passe sous la malléole et parcourt tout le dessus de la cheville

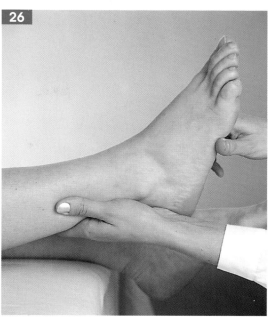

26

Point réflexe de la circulation lymphatique inférieure : il se trouve sur les deux pieds. Cette zone s'étend de la cheville (tendon d'Achille) au quatrième orteil au-dessus de la malléole. On le masse en l'effleurant vers le haut

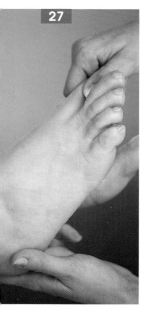

27

Point réflexe des amygdales : il est situé sur les deux pieds, à la base du gros orteil

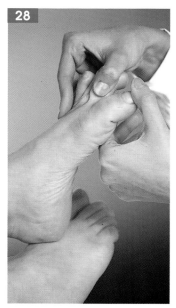

28

Point réflexe des végétations adénoïdes : il se trouve sur les deux pieds, à la base du deuxième orteil

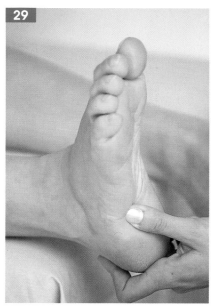

29

Point réflexe de l'appendice : il est situé sur la plante du pied droit, près du point de la valvule iléo-cœcale. Il existe également un point indirect sur le dessus du pied droit

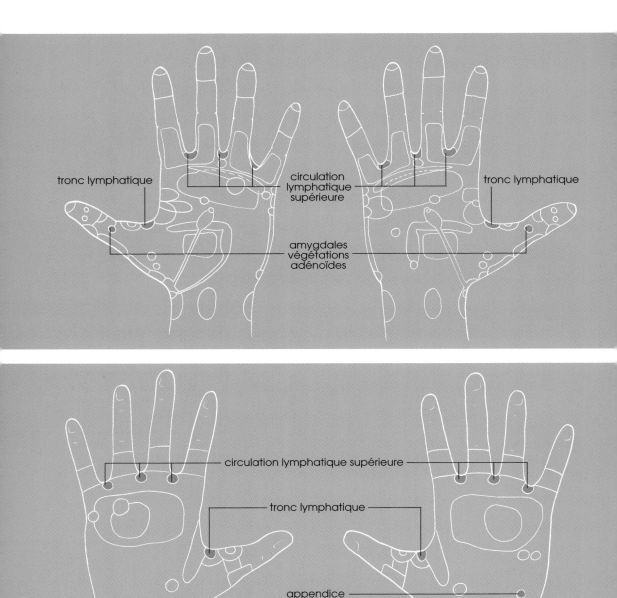

tronc lymphatique

circulation lymphatique supérieure

tronc lymphatique

amygdales végétations adénoïdes

circulation lymphatique supérieure

tronc lymphatique

appendice

circulation lymphatique inguinale

Les infections

Le traitement du système lymphatique est extrêmement efficace quand on est en présence d'une infection, comme un état grippal, une intoxication alimentaire ou encore une infection gynécologique ou urinaire. Dans ce type de cas, il faut centrer le traitement sur la purification générale et s'intéresser non seulement au système lymphatique (de 21 à 29) mais également accorder beaucoup d'importance à tous les organes d'éli-

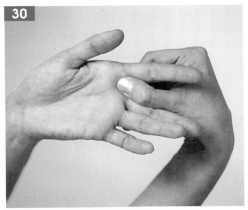

Points réflexes de la circulation lymphatique supérieure : ils se trouvent entre les doigts des deux mains, aussi bien du côté du dos que de la paume. On peut les stimuler tous en même temps en les pinçant

mination, les appareils urinaire (9, 10, 11) et digestif (de 70 à 92), sans oublier le système endocrinien (de 112 à 118). Le recours à des thérapies médicales et médicamenteuses ne doit pas être écarté pour autant.

La cellulite

La cellulite est un problème assez répandu chez les personnes de sexe féminin. On le considère souvent à tort uniquement comme un problème esthétique, alors que c'est au contraire le reflet d'un déséquilibre plus profond du système endocrinien et métabolique. En général, on traite la cellulite de façon superficielle, en effectuant des massages et des applications de crème. Certains choisissent aussi de la combattre en suivant des régimes fantaisistes qui ont comme seul résultat de provoquer un amaigrissement dans d'autres parties du corps sans combattre l'accumulation de cellulite. On ne peut régler ce problème de manière efficace qu'en effectuant un rééquilibrage général de l'organisme. Il faut donc faciliter le plus possible l'élimination des toxines par les voies urinaires et lymphatiques et rééquilibrer tout le système endocrinien.

Pour la cellulite, il faut donc insister sur le système lymphatique (de 21 à 26), sur l'appareil urinaire (9, 10, 11), sur les glandes endocrines (de 112 à 118), sur l'appareil digestif (de 70 à 92) et sur la rate (98).

Les jambes gonflées

On observe des gonflements des pieds et des chevilles chez certaines personnes, surtout en été mais également en hiver. Les causes de ce gonflement doivent être attentivement recherchées car cette affection est parfois une sonnette d'alarme qui révèle des pathologies cardiaques ou rénales.

Il est donc conseillé, avant d'effectuer un massage des extrémités inférieures, de vérifier qu'il n'existe pas de problèmes particuliers en amont, qui pourraient constituer une contre-indication au massage. Une fois que ces doutes sont levés, on peut effectuer un traitement sur tous les organes d'élimination, comme on l'a vu pour la cellulite.

N.B. Il faut se souvenir que la lymphe circule très lentement dans les vaisseaux lymphatiques, dont les parois sont beaucoup plus fines et perméables que celles des vaisseaux capillaires.

Un massage trop énergique de ces zones peut être inefficace et même entraîner des problèmes. Il faut donc se contenter d'effectuer des effleurements à un rythme doux et plutôt lent, en n'oubliant pas de commencer toujours par la stimulation de la « lagune lymphatique ». Cette dernière constitue le débouché de la lymphe et, en l'absence de cette manipulation, celle-ci pourrait s'engorger et compliquer la situation.

L'appareil respiratoire

L'appareil respiratoire comprend le nez, la bouche, le pharynx, le larynx, la trachée, les bronches et les poumons.

Grâce à l'appareil respiratoire, notre corps absorbe l'oxygène indispensable à la vie des cellules et rejette l'anhydride de carbone qu'elles produisent. Cet appareil est considéré, après l'appareil urinaire, comme la « deuxième frontière » pour l'élimination des toxines corporelles.

La respiration est en outre extrêmement liée aux états émotifs d'une personne et face à des événements négatifs, elle peut s'altérer et provoquer des réactions extrêmement désagréables telles que : une sensation d'étouffement, un essoufflement, le sentiment d'avoir un poids sur la poitrine et sur la gorge ou encore des difficultés à respirer librement.

On comprend donc facilement qu'une bonne respiration est à la base d'une parfaite forme physique et, par conséquent, que l'action sur l'appareil respiratoire représente une des manipulations de base du massage réflexogène si l'on veut obtenir de très bons résultats.

Cette action permet avant tout d'obtenir un relâchement général d'un point de vue psychologique, de faciliter l'expansion de la cage thoracique pour obtenir une respiration plus efficace et enfin d'éliminer les toxines présentes dans le sang.

Dans la pratique

Les affections de l'appareil respiratoire (à l'exception des maladies graves comme l'œdème pulmonaire, l'emphysème, la tuberculose et les tumeurs pour lesquelles le traitement réflexogène ne constitue qu'un complément aux thérapies médicales) tirent en général un grand bénéfice d'une intervention réflexogène opportune. Il existe en effet beaucoup de maladies dues à un refroidissement aigu qui peuvent être vaincues par une série de massages effectués sur le pied ou, sous forme d'automassage, sur la main.

Le rhume

C'est un trouble très commun qui n'a pas encore été vaincu parce qu'il est considéré comme sans gravité. On dit d'ailleurs qu'il est préférable de le laisser « passer » et de ne pas essayer de l'arrêter. Il est vrai qu'il est conseillé de ne pas se bourrer de pastilles pour enrayer un rhume et qu'il vaut mieux activer ses propres défenses immunitaires pour favoriser l'autoguérison de son organisme. Pour combattre le rhume, il faut agir en premier lieu sur les zones du nez, du pharynx-larynx, de la trachée, des bronches et des poumons (32, 33, 34, 35, 36), puis sur la circulation lymphatique supérieure (21, 22), sur l'appareil urinaire (9, 10, 11), sur l'appareil digestif (de 70 à 92) et sur les glandes endocrines (de 112 à 117). Un rhume nécessite toujours des interventions opportunes et autonomes. Comme il n'est pas toujours possible de se rendre chez un réflexologue pour le soigner, on peut avoir recours à l'automassage : on peut le pratiquer à tout moment sur ses mains en agissant sur les zones du nez, du pharynx, du larynx, de la trachée et des bronches, sur la circulation lymphatique supérieure et sur l'appareil urinaire.

La sinusite

La sinusite est une des complications du rhume. Il arrive souvent que les cavités nasales, appelées sinus, s'infectent ou provoquent une stagnation du mucus qui entraîne des lourdeurs dans la tête et des troubles oculaires. Le point spécifique lié à ce type de troubles est celui des sinus frontaux (48), qui doit être massé plusieurs fois. Il faut insister sur les points de la lagune lymphatique et de la circulation lymphatique supérieure (21, 22). Naturellement, il ne faut pas oublier les voies respiratoires primaires (32, 33, 34), les yeux (106) ni les organes d'élimination.

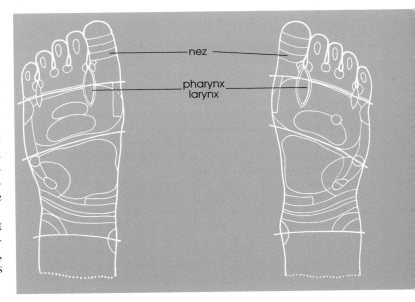

La toux

La toux est la conséquence presque inévitable des maladies dues à un refroidissement. Elle peut être sèche avec irritation ou bien catarrheuse et grasse. Dans ce cas, le massage des zones réflexes de l'appareil respiratoire doit être exécuté dans l'ordre inverse de celui qui est normalement conseillé, c'est-à-dire que l'on part des bronches et que l'on termine par la zone bouche-nez (35, 34, 33, 32). Ce type de massage favorise l'expectoration du catarrhe.

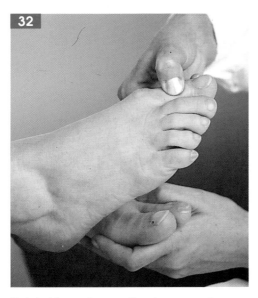

32

Point réflexe du nez : il se trouve sur les deux pieds, sur le dessus du gros orteil, dans la zone située en dessous de l'ongle

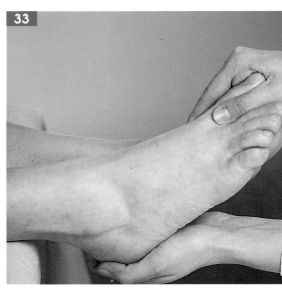

33

Point réflexe du pharynx-larynx : il se trouve sur le dessus de chaque pied, dans l'espace compris entre le premier et le deuxième orteil

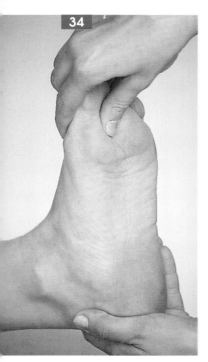

34

Point réflexe de la trachée sur la plante du pied gauche, espace compris entre le gros orteil et le deuxième doigt

35

Point réflexe trachée-bronches : il se trouve sur la plante du pied droit et va jusqu'à l'espace compris entre le gros orteil et le deuxième doigt

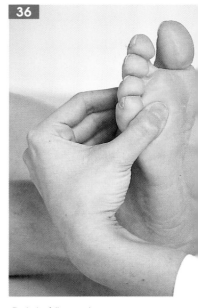

36

Point réflexe des poumons : il se trouve sur la plante des deux pieds. On le stimule horizontalement, de la zone de l'épaule jusqu'à celle de la trachée, en traçant des lignes parallèles

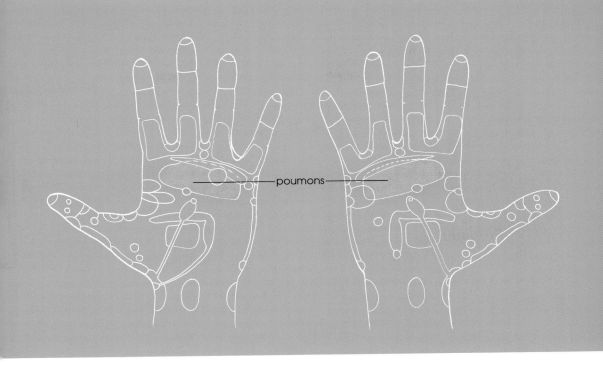

poumons

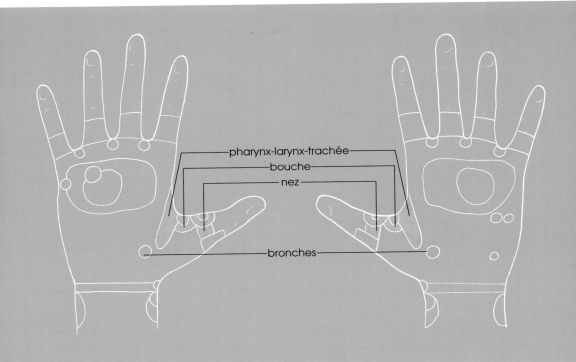

pharynx-larynx-trachée

bouche

nez

bronches

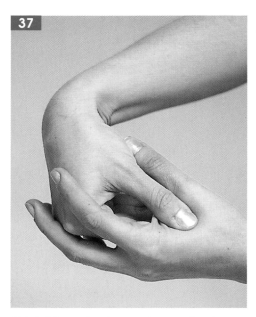

Point réflexe du pharynx-larynx : il se trouve sur les deux mains, dans l'espace compris entre la base du pouce et le dos de l'index

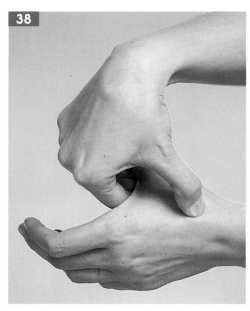

Point réflexe des bronches : il est situé sur les deux mains, à la base du pouce, près du poignet

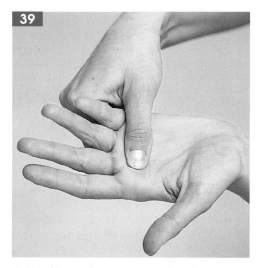

Point réflexe des poumons : il se trouve sur les deux mains, à la base des doigts, dans la région palmaire

L'asthme

L'asthme peut provenir de causes différentes et il est conseillé de rechercher son origine avec beaucoup d'attention si l'on veut éviter de commettre des erreurs de traitement. Il est important de bien connaître la personnalité du sujet que l'on doit traiter parce qu'il peut arriver qu'un massage très brusque provoque des réactions excessives. Quoi qu'il en soit, il faut traiter avec prudence un asthmatique, quelle que soit la cause qui a provoqué sa crise. L'asthme peut avoir comme origine une allergie, du stress, des affections de l'appareil respiratoire ou cardiaque. Dans les formes d'asthme allergique, dû notamment au pollen, il faut stimuler très prudemment les zones réflexes de l'appareil respiratoire (32, 33, 34, 35, 36), ainsi que celles du système endocrinien (de 112 à 117), en se consacrant surtout aux glandes surrénales (117). Il ne faut naturellement pas oublier les organes d'élimination (systèmes lymphatique, urinaire et digestif), le système nerveux (16, 17, 18) ni le plexus solaire (119). Ce traitement doit être considéré comme préventif et non pas effectué en pleine crise. Encore une fois, l'automassage des zones réflexes de la main s'avère très utile dans ce cas. Il faut agir surtout sur le système nerveux, sur le plexus solaire, et sur les voies urinaires et lymphatiques.

L'appareil squelettique et musculaire

Cet appareil se compose de : la calotte crânienne, la région mastoïdienne (tempes et mâchoires), la colonne vertébrale, les dents, les sinus frontaux, le sterno-cléido-mastoïdien, le trapèze, la clavicule, le membre supérieur (épaule, bras, coude, avant-bras et main), le sternum, les côtes, la musculature abdominale, le membre inférieur (articulation coxo-fémorale, cuisse, genou [ménisque latéral et ménisque médian], jambe, pied), la symphyse pubienne. L'appareil squelettique et musculaire constitue la structure portante de tout notre corps. Le squelette joue un rôle de soutien et de protection pour les tissus et les organes internes. Son rôle de protection est surtout fondamental pour le système nerveux qui se trouve bien inséré dans le crâne et dans la colonne vertébrale. De même, tous les organes vitaux tels que le cœur, les poumons, le foie, l'estomac et la rate sont protégés par les côtes et le sternum. L'intestin, les organes de reproduction, la vessie et le rectum sont abrités par les os du bassin. Un squelette est vivant, il se modifie constamment, il grandit, s'enrichit ou s'appauvrit en calcium.

Les muscles permettent les mouvements des différentes parties du corps. Ce sont des organes élastiques et contractiles qui sont rattachés aux os par des tendons. Les os sont unis entre eux par des articulations dont le rôle est de supporter le poids et de permettre le mouvement. Les articulations sont très importantes pour le bien-être de l'organisme : comme elles peuvent être soumises à de nombreux problèmes, il faut les surveiller constamment pour éviter qu'elles ne « rouillent ». Le mouvement, l'exercice physique et le massage réflexogène constituent des moyens efficaces pour lutter contre leur détérioration. On peut facilement comprendre qu'un « entretien » constant de l'appareil ostéomusculaire permet de maintenir son organisme dans un état de bien-être et de bonne santé. Trente et une paires de nerfs spinaux partent de la colonne vertébrale : ils sont divisés en huit nerfs cervicaux, douze dorsaux, cinq lombaires, cinq sacrés, un coccygien. Si l'on agit sur les zones de la colonne vertébrale, on provoque une interaction avec les organes qui sont reliés à ces nerfs. Cette structure est d'une importance capitale pour obtenir un bon équilibre de l'ensemble du corps. Les troubles les plus fréquents, en dehors de la migraine et de la céphalée en général, sont les douleurs articulaires. L'arthrite, l'arthrose, les rhumatismes et les névrites sont à l'ordre du jour et touchent même des personnes jeunes. Il s'agit d'un type de malaise qui, s'il est négligé, peut entraîner de graves conséquences, comme par exemple des déformations osseuses ou des blocages vertébraux pouvant déboucher sur une immobilisation. Dès que ce type de trouble apparaît, il est important d'y remédier pour éviter l'instauration de pathologies qui, au fil du temps, peuvent devenir irréversibles et invalidantes. Malheureusement, la médecine est assez impuissante face à ces affections et, de plus, les médicaments qui combattent les maladies des os ont toujours des effets secondaires très nocifs. À l'inverse, une des principales caractéristiques du massage réflexogène est son pouvoir analgésique important : celui-ci permet d'abord d'atténuer la symptomatologie douloureuse puis de provoquer l'afflux de lymphe vitale dans la moelle osseuse, ce qui entraîne une amélioration du fonctionnement des articulations. Avec le massage, on évite en outre l'intoxication due aux médicaments et on obtient un effet anti-inflammatoire remarquable.

Dans la pratique

Dans les affections de l'appareil ostéo-musculaire, il faut tenir compte de l'âge du sujet pour établir les durées et les méthodes de traitement. Nous vous présentons des indications convenant pour la plupart des cas.

Le mal de tête

Il est difficile de connaître les caractéristiques et les causes précises qui déclenchent un mal de tête. Il existe des céphalées dues au stress, à un mauvais fonctionnement du foie et à des problèmes de digestion ; certaines sont d'origine endocrinienne (d'une façon récurrente pendant la période prémenstruelle) ou dues à des tensions des muscles du cou, à des arthrites ou des arthroses cervicales, etc. Il est donc important d'essayer de découvrir la cause du mal de tête avant d'entamer un traitement ciblé. On peut agir efficacement en

effectuant un massage qui intéresse avant tout le système nerveux (16, 17, 18), toutes les zones de la tête (22, 41, 42), les appareils urinaire (9, 10, 11) et digestif (de 70 à 92), les glandes endocrines (de 112 à 118) et le point sciatique supérieur (121).

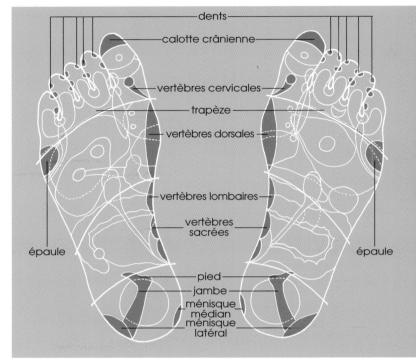

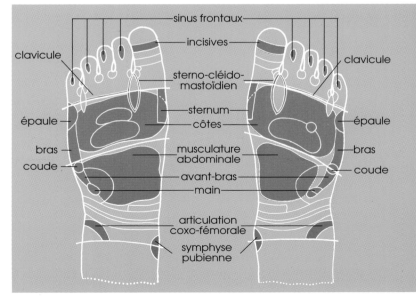

40

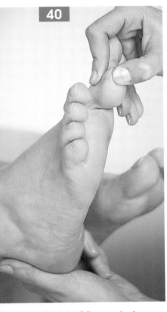

Point réflexe de la calotte crânienne : il est situé sur la pointe du gros orteil des deux pieds

41

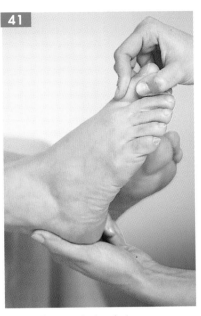

Point réflexe de la région mastoïdienne (tempe et mâchoires) : il se trouve sur la partie latérale du gros orteil des deux pieds et va de l'ongle jusqu'au bout du doigt

42

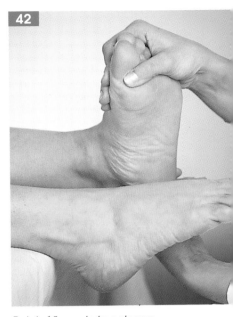

Point réflexe de la colonne vertébrale (vertèbres cervicales) : il est situé dans la zone plantaire, immédiatement sous l'arcade plantaire du gros orteil (atlas et axis). Il se prolonge jusqu'à la tête du premier métatarsien, sur les deux pieds

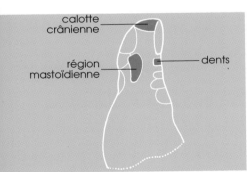

calotte crânienne

région mastoïdienne

dents

Point réflexe de la colonne vertébrale (vertèbres dorsales) : il s'étend de la tête du premier métatarsien à la limite du bord costal inférieur, en suivant l'os, sur les deux pieds

43

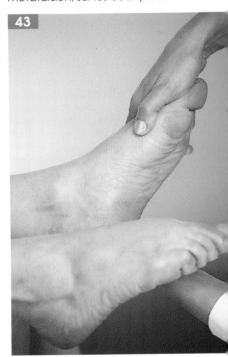

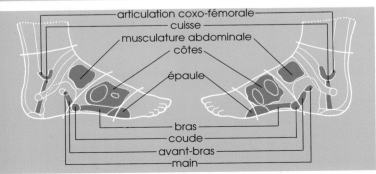

articulation coxo-fémorale
cuisse
musculature abdominale
côtes
épaule
bras
coude
avant-bras
main

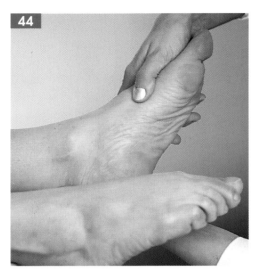

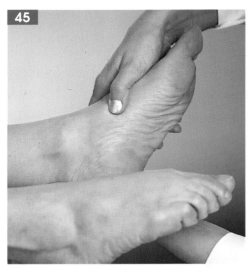

Point réflexe de la colonne vertébrale (vertèbres lombo-sacrées) : il s'étend sur les deux pieds le long de l'os jusqu'à sa partie terminale

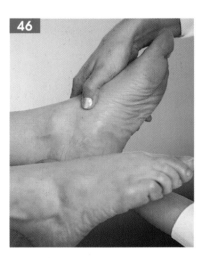

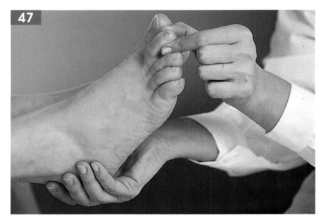

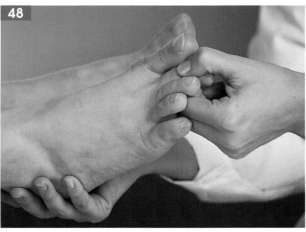

Point réflexe de la colonne vertébrale (coccyx) (fig. 46) : il se trouve sur une protubérance osseuse des deux pieds

Point réflexe des dents (fig. 47) : le point des incisives se trouve sur le dessus du gros orteil, juste sous l'ongle ; les points de toutes les autres dents sont situés sur les arêtes de chaque doigt des deux pieds, sur le côté des ongles

Points réflexes des sinus frontaux (fig. 48) : ils sont placés sur le dessus de tous les orteils, à l'exception du gros orteil, sur les deux pieds

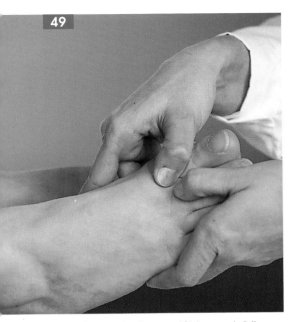

49

Point réflexe du sterno-cléido-mastoïdien :
il est placé sur le dessus de chaque pied,
sur les tendons qui se trouvent
parallèlement à la zone pharynx-larynx

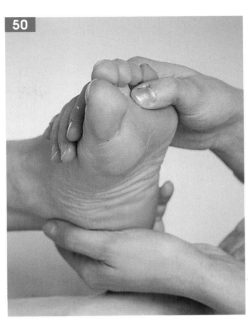

50

Point réflexe du trapèze : il est situé
sur la plante de chaque pied, de
la base du cinquième orteil à celle
du deuxième

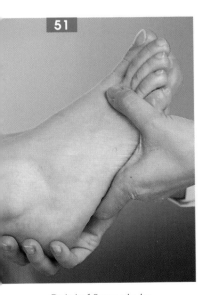

51

Point réflexe de la
clavicule : il est
placé sur le dessus
de chaque pied,
de la base du
deuxième orteil à
celle du cinquième

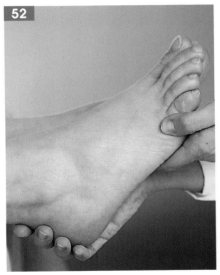

52

Point réflexe de l'épaule :
il est placé à la tête du
cinquième métatarsien,
sous le petit orteil, aussi
bien sur le dessus que sur la
plante de chaque pied

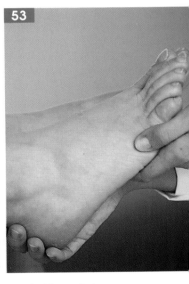

53

Point réflexe du bras :
il part de la zone de
l'épaule et descend le
long du cinquième méta-
tarsien jusqu'à une protubérance osseuse qui
correspond au point du
coude sur les deux pieds

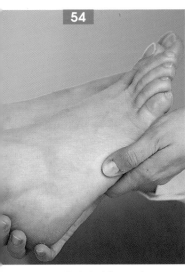

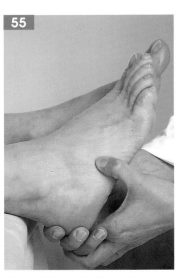

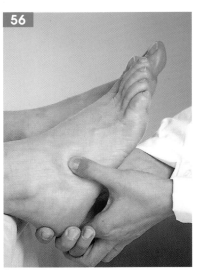

Point réflexe du coude : il se trouve exactement sur la saillie de l'apophyse du cinquième métatarsien, sur les deux pieds

Point réflexe de l'avant-bras : il part de la zone du coude et remonte en diagonale vers le dessus des deux pieds

Point réflexe de la main : il se trouve à la fin de la zone de l'avant-bras. Il est situé dans une petite dépression qui se trouve exactement à deux doigts au-dessus de la zone du coude, sur les deux pieds

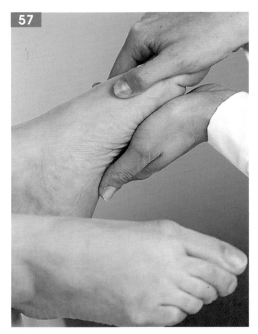

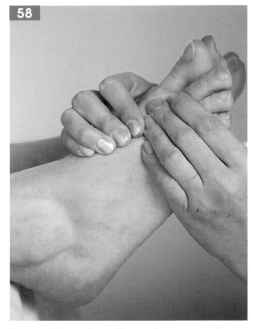

Point réflexe du sternum : il est placé sur le dessus des deux pieds, au niveau de la zone des quatre premières vertèbres dorsales

Zone réflexe des côtes : elle occupe le dessus des deux pieds, de la zone de la clavicule jusqu'au bord costal inférieur. Elle est traitée dans le sens horizontal

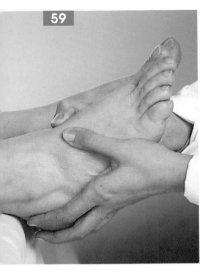

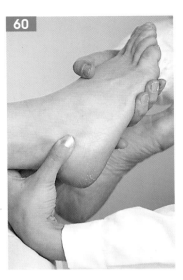

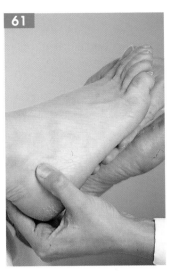

Zone réflexe de la musculature abdominale : elle va du bord costal à la zone située sous les malléoles des deux pieds. Elle est stimulée dans le sens vertical

Point réflexe de l'articulation coxo-fémorale : il est situé sous la malléole des deux pieds et décrit une forme en « U ».

Point réflexe du fémur : il va du centre de la malléole à l'extrémité du talon, sur les deux pieds

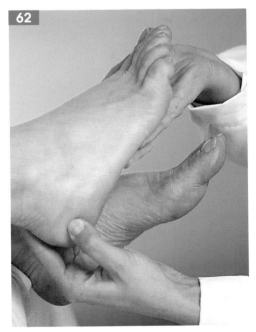

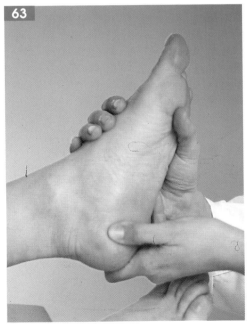

Point réflexe du genou (ménisque latéral) : il est situé exactement sur l'extrémité du talon, sur les deux pieds, à la limite de la zone du fémur

Point réflexe du genou (ménisque médian) : il se trouve au milieu du talon, exactement à l'opposé du point du ménisque latéral, sur les deux pieds

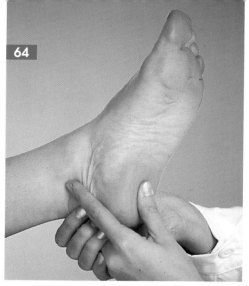

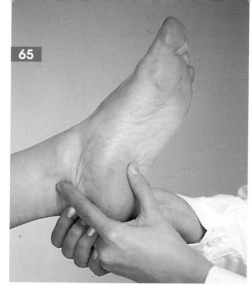

Point réflexe de la jambe : il part de la zone du ménisque latéral et continue en diagonale sous le talon des deux pieds

Point réflexe du pied : il est situé exactement au centre du talon, sous la ligne du cordon pelvien des deux pieds

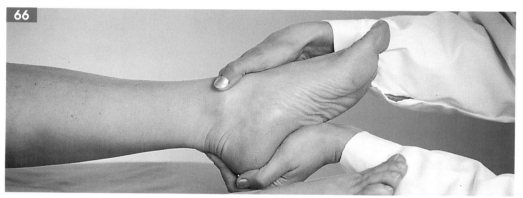

Point réflexe de la symphyse pubienne : il se trouve exactement sur les malléoles des deux pieds. Il est stimulé par des effleurements

Les douleurs articulaires

Pour toutes les douleurs des articulations, il faut surtout insister sur les vertèbres de la zone douloureuse. Par exemple : s'il s'agit d'une douleur sur le membre supérieur, on agit sur les points des vertèbres cervicales et dorsales (42, 43) ; pour le membre inférieur, on stimule les vertèbres lombo-sacrées (44, 45). On doit également insister sur les zones réflexes qui correspondent au siège de la douleur. Il est aussi important de traiter les zones lymphatiques, toujours en liaison avec le siège de la douleur, les glandes surrénales (117) ainsi que les parathyroïdes (114). Dans tous les cas, il faut naturellement stimuler l'ensemble des zones liées aux organes d'élimination, les appareils urinaire (9, 10, 11) et digestif (de 70 à 92). La stimulation des points sciatiques (121, 122) est aussi capitale : nous verrons comment l'effectuer dans le chapitre qui leur est consacré (cf. page 88).

Les rhumatismes

Le rhumatisme est une inflammation qui touche les muscles et les articulations et qui

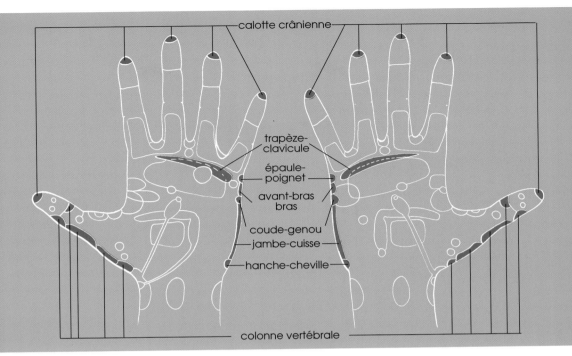

- calotte crânienne
- trapèze-clavicule
- épaule-poignet
- avant-bras bras
- coude-genou
- jambe-cuisse
- hanche-cheville
- colonne vertébrale

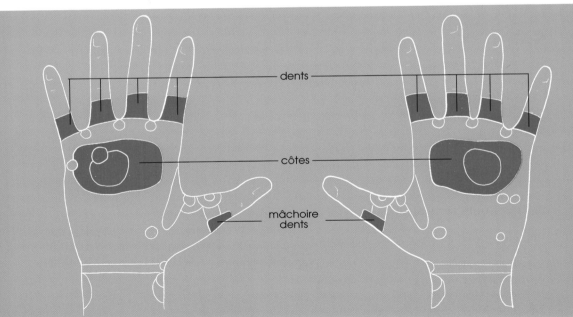

- dents
- côtes
- mâchoire dents

peut s'accompagner d'une poussée de fièvre importante. Dans ce dernier cas, le rhumatisme devient extrêmement dangereux pour le cœur et il faut intervenir rapidement. En effet, en cas de fièvre, il faut toujours consulter un médecin et se soumettre à des soins spécifiques. Le massage réflexogène permet de calmer la douleur et de désintoxiquer rapidement l'organisme grâce à la stimulation de tous les organes d'élimination.

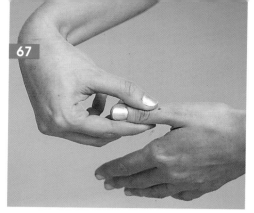

Point réflexe de la colonne vertébrale :
il se trouve sur les deux mains, sur l'arête
du pouce. Il part de la phalangine et
descend jusqu'à la base du doigt. Il est
stimulé par un mouvement « ondulé »

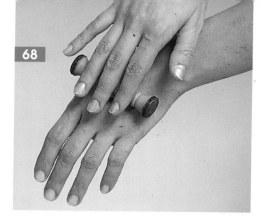

Point réflexe de la cage thoracique :
il occupe le dos des deux mains. Il peut
être stimulé par un petit rouleau en bois

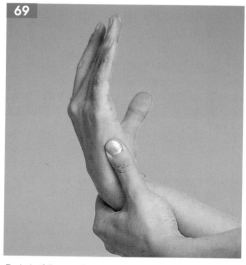

Point réflexe des membres supérieurs et
inférieurs : il se trouve à la base de
l'auriculaire et peut être stimulé par des
pressions successives

Quand la forme rhumatismale est chronique, on obtient de bons résultats en suivant un programme de traitements prolongés qui comprend des stimulations des zones réflexes des endroits douloureux, de la colonne vertébrale dans son ensemble (de 42 à 46), des glandes endocrines (de 112 à 117), des systèmes lymphatique (de 21 à 29) et urinaire (9, 10, 11).
Comme il s'agit d'un trouble qui ne disparaît pas rapidement, il est possible d'accompagner ce traitement d'un automassage sur

les zones de la main correspondantes pour permettre une dépuration constante de l'organisme entre deux séances de réflexologie plantaire. Cinq minutes quotidiennes de massage sur les mains permettent d'obtenir un résultat plus rapide. On peut traiter tout spécialement les appareils urinaire, digestif et lymphatique sur la main.

La sciatique

Le nerf sciatique, qui part de la colonne vertébrale et parcourt toute la jambe avant de rejoindre le pied, constitue un des points les plus sujets aux inflammations.
Dans ce type de cas, le traitement réflexogène peut être d'un grand secours, surtout d'un point de vue analgésique, étant donné que les médicaments prescrits contre ce type de douleur se révèlent souvent inefficaces. En présence d'une attaque de sciatique, il faut tout d'abord effectuer des manipulations de « première urgence » afin de soulager la douleur et d'obtenir un début de relâchement. On agit donc sur le système nerveux (16, 17, 18), sur la colonne lombosacrée (44, 45) et on effectue plusieurs fois des manipulations sur les points sciatiques (121, 122) pour favoriser la production d'endorphine. Naturellement, on agit sur les appareils urinaire (9, 10, 11) et lymphatique (de 21 à 26). Par la suite, quand la douleur est moins aiguë, il est conseillé d'effectuer un massage généralisé pour consolider les résultats et prévenir toute rechute.

L'appareil digestif

L'appareil digestif est composé de la bouche, l'œsophage, le cardia, l'estomac, le pylore, le duodénum, l'intestin grêle, le gros intestin (qui se divise en côlon ascendant, côlon transverse, côlon descendant, côlon sigmoïde, rectum), l'anus, le foie, la vésicule biliaire, le cholédoque, le pancréas.

L'énergie consommée durant un travail physique ou mental doit être renouvelée par l'alimentation. La fonction digestive de l'organisme est assurée par un système spécifique qui permet de décomposer les éléments ingérés et de les rendre solubles, donc absorbables et assimilables. Ce système s'appelle l'appareil digestif. Au cours de la digestion, le foie joue un rôle capital en tant que laboratoire chimique du corps. Il contrôle toutes les substances absorbées par l'intestin, les élabore et les emmagasine en les transformant de façon à ce qu'elles puissent être utilisées par les différents tissus de l'organisme.

L'appareil digestif mesure à peu près douze mètres : il commence à la cavité buccale et se termine par le sphincter anal. Suivons à présent l'ensemble du processus de la transformation d'un aliment.

La bouche est la cavité dans laquelle s'accomplissent les fonctions de mastication et de salivation. L'œsophage est un canal musculo-membraneux par lequel l'aliment transite de la bouche à l'estomac. Ce dernier est une partie dilatée du tube digestif, en forme de sac : c'est là que s'accumulent les aliments et qu'ont lieu d'importantes modifications biologiques qui les transforment en chyme. Le chyme quitte ensuite l'estomac, traverse le duodénum et passe dans l'intestin grêle grâce à une série d'impulsions mécaniques, chimiques et psychiques.

L'intestin grêle se développe en formant une série de circonvolutions qui mesurent en tout environ huit mètres de long. Situé au centre de la cavité abdominale, il se charge du processus de transformation du chyme en chyle et de l'absorption des sécrétions provenant de deux glandes très importantes : le foie et le pancréas.

L'intestin grêle est considéré comme la « cuisine du corps » car c'est là que se déroulent les opérations biochimiques et mécaniques qui permettent la transformation du chyme en provenance de l'estomac.

Le chyme, transformé en chyle, arrive aux portes du côlon au bout de trois ou quatre heures. Il s'y arrête une heure avant de pouvoir franchir la barrière constituée par la valvule iléo-cæcale. Cette valvule a une grande importance car le chyle ne doit pas retourner dans l'intestin grêle une fois qu'il se trouve dans la zone des rejets du corps, c'est-à-dire dans la région du côlon. De nombreux troubles de différente nature sont dus à un mauvais fonctionnement de la valvule iléo-cæcale, qui laisse passer les substances de rejets dans l'intestin grêle alors que l'organisme devrait les éliminer.

Les substances de rejet, qui prennent le nom de fèces durant cette phase, sont éliminées par le côlon, ou gros intestin : celui-ci les repousse vers l'anus d'où elles sont expulsées. Le foie est la plus grosse glande du corps qui sécrète la bile. Celle-ci, est recueillie par un ensemble de vaisseaux puis véhiculée et emmagasinée dans la vésicule biliaire, en attendant de passer dans le duodénum au moment de la digestion.

Le pancréas est une autre grosse glande liée à l'appareil digestif. Elle appartient au groupe des glandes endocrines mais elle participe aussi à la digestion en produisant des sucs digestifs.

Dans la pratique

On peut presque affirmer que la plupart des troubles qui affectent l'organisme ont comme origine des problèmes liés à l'appareil digestif, si l'on tient compte des innombrables fonctions qu'il exerce. Même des personnes en bonne santé et robustes peuvent souffrir de troubles liés à une mauvaise alimentation, au stress, à l'abus d'alcool ou de cigarettes. En outre, surtout de nos jours, l'abus de médicaments pour combattre l'insomnie et l'anxiété crée beaucoup de problèmes gastriques et intestinaux qui se répercutent non seulement sur l'appareil digestif mais également sur l'équilibre psychophysique en général. Ainsi, un bon état de santé dépend en grande partie du bon fonctionnement de cet appareil. C'est pour cette raison que le massage réflexogène réserve une grande place au traitement des organes de la digestion, à l'intestin et au foie.

L'aérophagie - le météorisme

Ce sont les symptômes les plus évidents d'un mauvais fonctionnement du système digestif et ils sont généralement le signe d'une mauvaise alimentation. Il est difficile de supprimer ces malaises sans changer de régime. Il faut traiter toutes les zones de l'appareil digestif, en suivant l'ordre physiologique qu'ils occupent et en insistant particulièrement sur le cardia (72), l'estomac (73, 74), l'intestin grêle et le gros intestin (de 78 à 86), ainsi que sur le plexus solaire

(119). Il peut être intéressant de traiter ces mêmes points sur la main.

La gastrite

Il est encore très utile d'observer le régime alimentaire de la personne concernée, mais ce sont parfois la tension nerveuse et le stress qui provoquent des troubles gastriques : la personne touchée ressent alors un engourdissement, des brûlures, des lourdeurs après le repas, une sensation de nausée. Dans ce cas, il faut traiter les zones spécifiques de l'estomac (72, 73, 74, 75), mais aussi considérer les zones nerveuses (16, 17, 18) et celles du plexus solaire (119).

La colite

La colite peut se manifester par des diarrhées, de la constipation ou, dans certains cas, par les deux phénomènes en alternance. La colite doit être combattue sur deux fronts : alimentaire et réflexogène. Il faut donc s'intéresser de près aux zones nerveuses et insister sur tout l'intestin, en choisissant son type de traitement selon la façon dont le trouble se manifeste.

La diarrhée

En cas de diarrhée, il ne faut pas trop insister sur le point de l'intestin grêle pour ne pas provoquer de péristaltisme et entraîner ainsi une intensification des diarrhées. Le massage doit donc viser uniquement au rééquilibrage : il s'applique surtout aux voies urinaires (9, 10, 11), pour dépurer l'organisme, et au système nerveux (16, 17, 18).

La constipation

C'est un trouble dont souffrent des milliers de personnes et dont la cause, à l'exception de certains problèmes spécifiques, doit être recherchée dans le mode de vie adopté. Notre organisme a des rythmes précis qui ne doivent pas être altérés si nous voulons que notre horloge biologique fonctionne parfaitement. L'intestin a également besoin d'être respecté pour pouvoir accomplir ses fonctions naturelles. Une erreur très grave consiste à réprimer les stimulations que l'on peut ressentir, à cause d'un mode de vie basé sur l'urgence. Au cours du massage réflexogène, il est donc important d'agir sur le système nerveux (16, 17, 18), sur le plexus solaire (119) et naturellement sur les zones de l'intestin grêle (78, 79) et du gros intestin (de 80 à 86), en insistant sur la zone de l'anus. Enfin, la stimulation du foie, de la vésicule biliaire et du cholédoque est primordiale (89, 90, 91, 92).

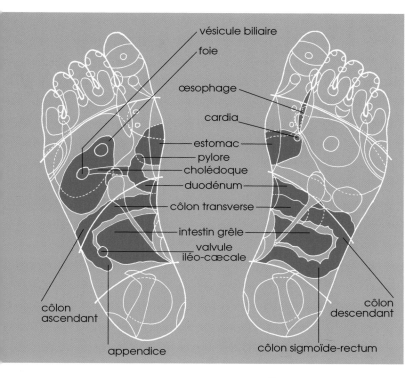

L'obésité

L'excès de poids est dû également, dans la plupart des cas, à un mauvais fonctionnement du foie, qui n'élabore plus correctement les graisses. En cas d'obésité, parallèlement à un régime personnalisé, il faut effectuer un traitement réflexogène destiné à éliminer principalement les liquides du corps grâce à un massage des organes émonctoires (appareils urinaire, lymphatique et digestif). Il faut insister sur le foie et sur la vésicule biliaire (89, 90, 91, 92), sur le plexus solaire (119), sur le système nerveux (16, 17, 18) et sur tout le système endocrinien (de 112 à 118).

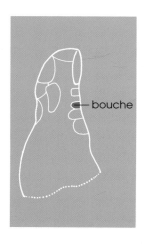

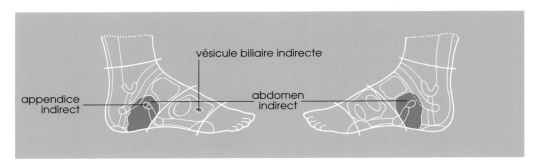

vésicule biliaire indirecte

appendice
indirect

abdomen
indirect

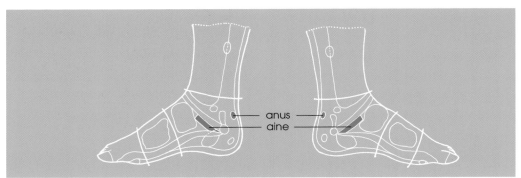

anus
aine

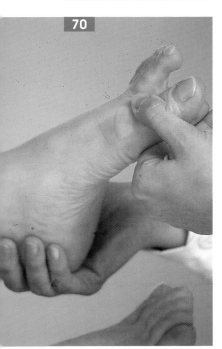

70

Point réflexe de la
bouche : il est situé sur le
dessus du gros orteil, sur
chaque pied, sous la zone
du nez

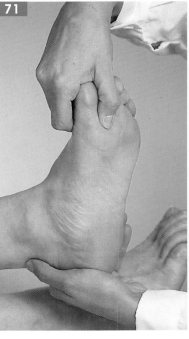

71

Point réflexe de l'œsophage : il se
trouve sur la plante du pied gauche,
entre le premier et le deuxième
orteil, en face de l'arcade plantaire
de la zone réflexe de la thyroïde

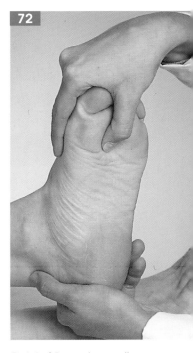

72

Point réflexe du cardia :
il se trouve sur la plante
du pied gauche, à la
limite de la zone de
l'œsophage

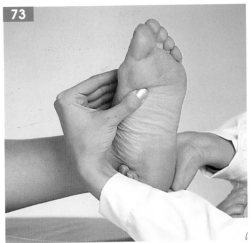

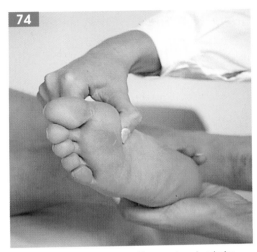

Point réflexe de l'estomac : il est situé sur la plante du pied gauche, sous l'arcade plantaire du gros orteil. Il part de la zone du cardia et va vers l'intérieur du pied, sur une distance qui équivaut à la largeur du pouce de la personne que l'on doit traiter. La zone réflexe de l'estomac continue sur le pied droit, à la même position, et elle est traitée à l'intérieur du pied

Point réflexe du pylore : il est situé sous le pied droit, à la limite de la zone de l'estomac

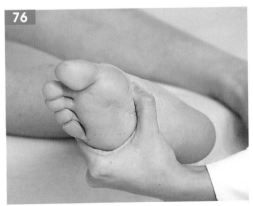

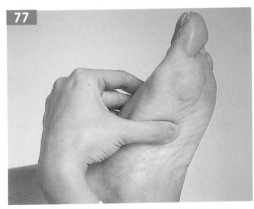

Point réflexe du duodénum : il est placé sous le pied droit. Il commence à la zone du pylore et se termine à la limite du sommet de la zone du pancréas, en formant une courbe qui va du bord vers le centre du pied. Ce point se prolonge sur le pied gauche avec la même position et va jusqu'à la zone de l'intestin grêle, en formant une autre courbe

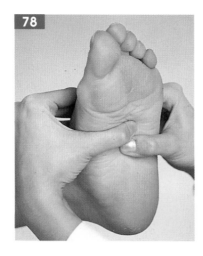

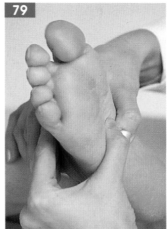

Point réflexe de l'intestin grêle : il constitue une vaste zone qui comprend tout ce qui est situé entre le bord costal inférieur et le cordon pelvien. Il est présent sur les deux pieds, mais on traite d'abord le gauche puis le pied droit, en croisant ses pouces

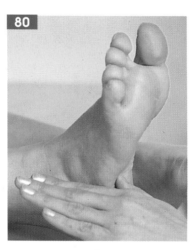

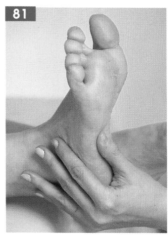

Point réflexe de la valvule iléo-cæcale (fig. 80) : il se trouve sur la plante du pied droit, à côté de l'hypophyse du cinquième métatarsien, à la hauteur de la saillie qui indique la zone réflexe du coude

Point réflexe du côlon ascendant (fig. 81) : cette zone part d'un doigt sous la zone de la valvule iléo-cæcale, siège du cæcum, et remonte de trois doigts environ jusqu'au point du côlon transverse, situé sous le pied droit

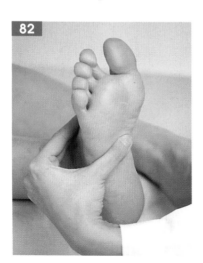

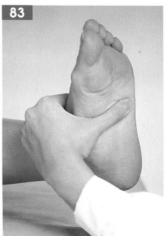

Point réflexe du côlon transverse : il se trouve sur la plante du pied droit et parcourt tout le pied dans le sens horizontal, de l'extérieur vers l'intérieur. La zone du côlon transverse se prolonge ensuite sous le pied gauche : elle débute à l'endroit où nous l'avons laissée sur le pied droit et se poursuit horizontalement jusqu'à la partie inférieure de la zone de la rate

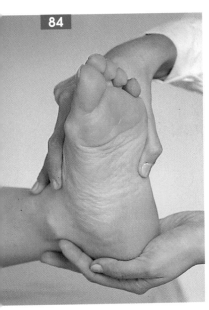

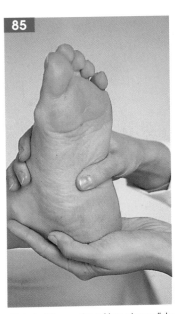

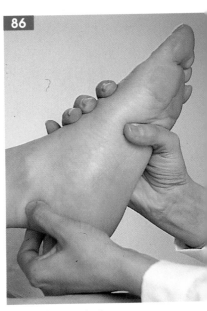

Point réflexe du côlon descendant : il est situé sous le pied gauche. Il part sous la zone de la rate et descend sur le côté du pied jusqu'au cordon pelvien

Point réflexe du côlon sigmoïde-rectum : il se trouve sur la plante du pied gauche. Il part de la zone du côlon descendant et parcourt horizontalement la ligne du cordon pelvien, de l'extérieur vers l'intérieur

Point réflexe de l'anus : il est situé sur les deux pieds, à l'intérieur du tendon d'Achille

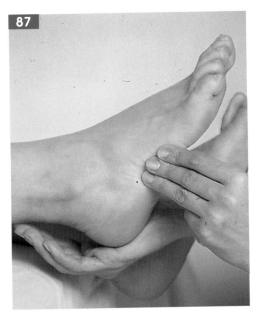

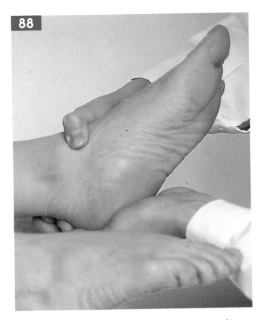

Point réflexe de l'abdomen indirect : il se trouve sur le côté des deux pieds, autour de la zone de la main

Point réflexe de l'aine : il se trouve sur le dessus des deux pieds. Il part du centre du pied et va vers la malléole

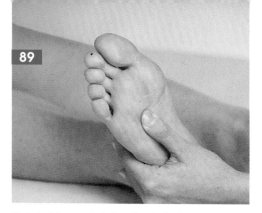

Point réflexe du foie : il est situé sur la plante du pied droit. Il occupe toute la zone des arcades plantaires placées entre le cinquième et le deuxième orteil. Il doit être stimulé du bas vers le haut, en allant de l'extérieur vers l'intérieur du pied

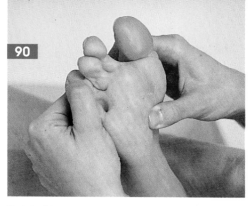

Point réflexe de la vésicule biliaire : il est placé dans la région plantaire du pied droit, sous le quatrième orteil. On le trouve en effectuant une manipulation particulière : on tire le quatrième orteil vers l'arrière et on trouve le point sous l'articulation de cet orteil

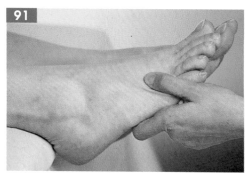

Point réflexe de la vésicule biliaire indirecte : il se trouve sous le quatrième orteil du pied droit, en correspondance avec celui de la vésicule biliaire directe, mais sur le dessus du pied

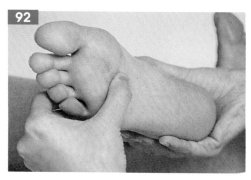

Point réflexe du cholédoque : il est situé sous le pied gauche. On part du point réflexe de la vésicule biliaire et on descend vers la zone du duodénum avant de trouver le point du cholédoque, ou canal biliaire

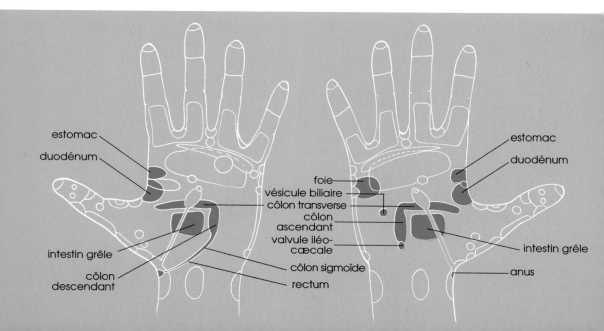

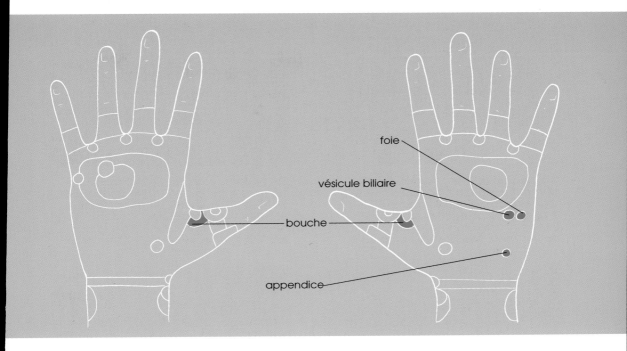

foie

vésicule biliaire

bouche

appendice

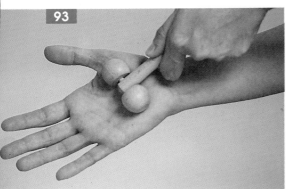

93

Les points réflexes de l'appareil digestif situés sur la main n'ont pas besoin d'être localisés précisément mais peuvent être traités dans leur totalité : il faut exercer des pressions sur toute la paume de la main ou s'aider d'un petit instrument approprié

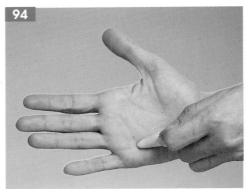

94

Point réflexe du foie : il se trouve sur la main droite, dans la région palmaire, sous l'annulaire. On peut le stimuler avec un objet ayant une grande pointe émoussée

95

Point réflexe de l'anus : il se trouve sur le poignet des deux mains, à la base du pouce. Sa stimulation est particulièrement efficace en cas d'hémorroïdes

L'appareil cardio-circulatoire

L'appareil cardio-circulatoire comprend le cœur, la circulation sanguine et la rate. Le cœur est un muscle creux, rouge, réflexe. C'est l'organe moteur de l'appareil circulatoire, qui est situé entre la section veineuse et la section artérielle de la circulation sanguine et qui remplit la fonction de double pompe. L'activité des systèmes organiques est impossible sans un système de transport. Les processus d'échange, d'élimination et de respiration des cellules supposent la présence d'un liquide organique qui les dirige. Nous savons que pour que les cellules travaillent bien, il faut que le liquide interstitiel ait une composition déterminée et constante, et qu'il se renouvelle continuellement. C'est le sang qui se charge de cette tâche en apportant les substances nutritives aux cellules et en purifiant le liquide interstitiel.

Le sang recueille une grande quantité de déchets éliminés pendant le travail de l'organisme, il les transporte, les neutralise et les expulse par l'intermédiaire des reins ; il répartit également les hormones pour qu'elles puissent remplir leurs fonctions régulatrices. Il ne faut pas non plus oublier la fonction défensive qu'il accomplit, surtout grâce aux globules blancs. Un « système cellulaire de défense » très diffus participe également à la défense de l'organisme : la rate et les ganglions lymphatiques y jouent un rôle important. Ces organes forment les anticorps, qui ont comme faculté particulière de neutraliser les substances étrangères et les microbes qui ont pénétré dans le corps, grâce à un processus appelé « immunisation ».

La rate appartient au groupe des organes qui sont en relation étroite avec le sang. Son rôle consiste à former des leucocytes et à détruire les globules rouges dégénérés. Elle en tire du fer, qui est contenu dans l'hémoglobine et elle l'envoie ensuite à la moelle osseuse pour produire des cellules du sang.

Il semble superflu d'insister sur l'importance capitale du système cardio-vasculaire pour la vie d'un individu et sur le fait que sa santé est grandement dépendante de son fonctionnement parfait.

Il est donc évident que le massage réflexogène, dont l'effet premier est d'améliorer la circulation sanguine, a une importance déterminante dans la dépuration de tout l'organisme et dans la stimulation de ses défenses.

Il faut toutefois signaler que les points réflexes du cœur et de la circulation sanguine fournissent rarement des réponses douloureuses, même en cas de mauvais fonctionnement, et qu'il faut agir avec prudence en ce qui concerne la durée et l'intensité du massage.

Les pathologies de l'appareil cardio-vasculaire doivent donc être envisagées sérieusement et il est préférable de ne pas insister sur les points spécifiques en cas de problèmes de ce type.

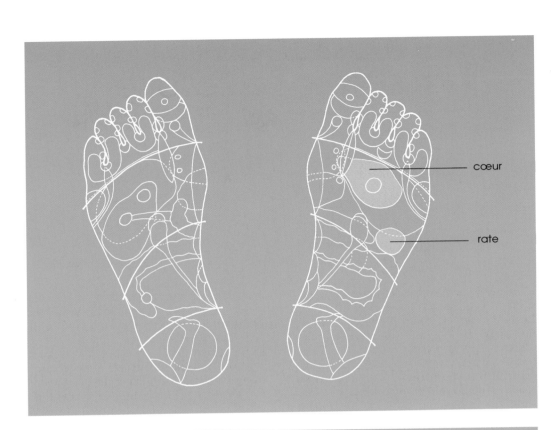

coeur

rate

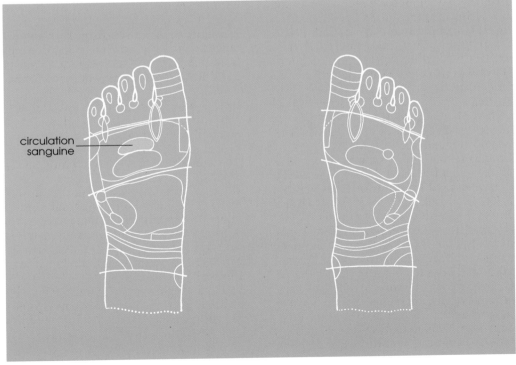

circulation
sanguine

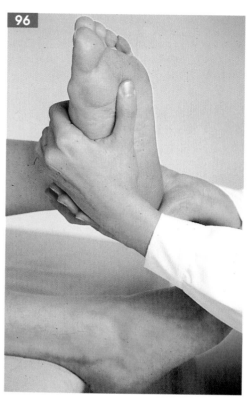

Point réflexe du cœur : il se trouve sur la plante du pied gauche, à l'emplacement des arcades plantaires du deuxième, troisième et quatrième orteil. Il faut le traiter du bas vers le haut

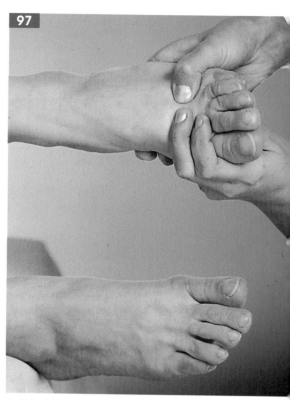

Point réflexe de la circulation sanguine : il se trouve sur le dessus du pied gauche, à deux doigts sous la ligne du cordon scapulaire. Il faut le traiter horizontalement du cinquième au deuxième orteil

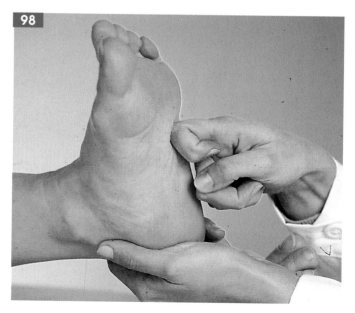

Point réflexe de la rate : il se trouve dans la région plantaire, sous le cinquième orteil, à côté de la partie inférieure de la zone du pancréas

Dans la pratique

Comme il faut agir avec prudence et éventuellement en collaboration avec le médecin traitant quand il s'agit d'une maladie cardiaque, on peut effectuer un massage de relaxation généralisé, mais on doit éviter les zones réflexes du cœur et de la circulation. Pour les troubles liés à l'appareil circulatoire, on peut agir comme nous allons le voir.

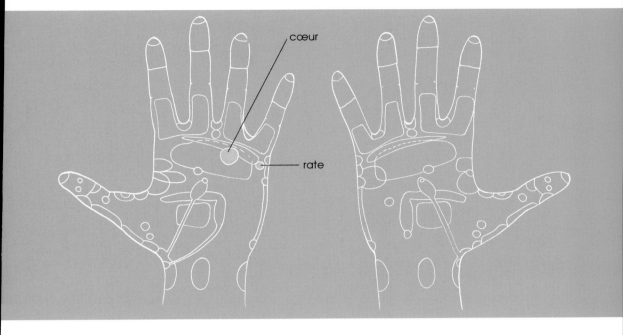

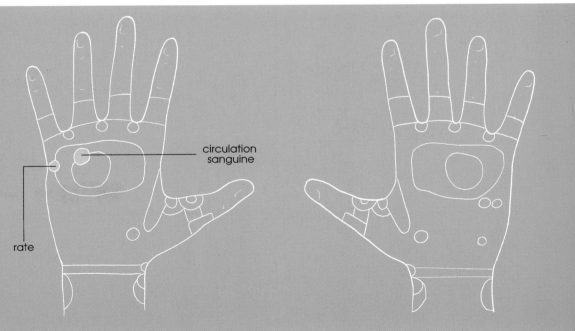

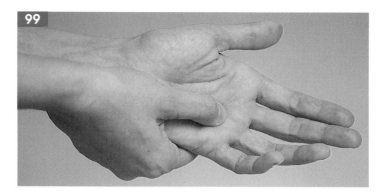

*Point réflexe du cœur :
il est situé dans la région
palmaire de la main
gauche, sous le médius.
On le stimule
doucement par un
mouvement rotatif*

L'hypertension

Il s'agit d'un trouble très répandu de nos
jours. Le stress, une vie désordonnée, une
mauvaise alimentation, la cigarette et l'abus
d'alcool peuvent entraîner une augmentation
de la pression sanguine, sans pour autant
qu'il y ait de véritables pathologies cardiaques. On peut effectuer un massage localisé
mais il faut exécuter le traitement de façon
mesurée, en agissant surtout sur le système
nerveux (16, 17, 18), sur les appareils urinaire (9, 10, 11) et lymphatique (de 21 à 26),
sur le foie et sur les voies biliaires (89, 90,
91, 92) et enfin sur l'hypophyse (112).
Le massage doit être évité quand on est en
présence d'une insuffisance cardio-circulatoire ou d'un cas grave d'hypertension.

L'hypotension

Dans un cas semblable, le traitement peut
être très efficace. Il faut stimuler tout l'organisme, en insistant particulièrement sur les
zones nerveuses (16, 17, 18), le plexus
solaire (119) et le système endocrinien (de
112 à 118).

Les varices

Les varices représentent un problème très
fréquent chez les femmes et il est également
gênant d'un point de vue esthétique. Cette
affection est souvent due à des facteurs héré-
ditaires mais on peut aussi incriminer la
grossesse, l'obésité, le manque d'exercice
ou d'autres causes encore.
La réflexologie peut apporter beaucoup dans
les problèmes de veines, surtout d'un point

de vue préventif. Une fois que la veine s'est
transformée en varice, il n'y a plus qu'à
intervenir chirurgicalement. Il faudrait que
les femmes qui présentent de nombreux
capillaires et qui sont donc prédisposées aux
varices, suivent un programme de prévention en se soumettant périodiquement à une
série de traitements réflexogènes. Ceux-ci
doivent surtout viser les zones lymphatiques
(de 21 à 26), la circulation sanguine (97), les
glandes endocrines (de 112 à 118) et, naturellement, les organes d'élimination (appareil urinaire et digestif) et le foie (89).
On peut traiter ces mêmes zones par un
automassage sur la main.

Les hémorroïdes

Les hémorroïdes sont des veines variqueu-
ses situées sur le rectum. C'est une affection
en général très douloureuse mais ceux qui
en sont atteints sont souvent gênés d'en parler. Il faut pourtant les traiter à temps parce
que si on les néglige, elles peuvent conduire
à l'intervention chirurgicale. Les hémorroïdes sont toujours le signe d'un déséquilibre,
que ce soit de l'appareil digestif (surtout du
foie) ou de l'appareil circulatoire. Parallèlement à une révision du régime alimentaire,
la réflexologie peut jouer un rôle bénéfique
si elle est appliquée avec régularité. Sur le
pied ou, en automassage, sur la main, il faut
traiter les zones suivantes : l'intestin (de 76
à 86), en insistant sur le point de l'anus (86)
(les hémorroïdes sont la plupart du temps
liées à des formes chroniques de constipation), le foie (89), les zones lymphatiques
inguinales (25), l'appareil urinaire (9, 10,
11) et la circulation sanguine (97).

L'appareil génital

L'appareil génital masculin est composé des testicules, des canaux déférents, de la prostate et du pénis. L'appareil génital féminin se compose des ovaires, de l'utérus, du vagin, des glandes mammaires.

Les zones réflexes des organes génitaux sont les mêmes chez l'homme et chez la femme. Chez les organismes pluricellulaires supérieurs, la continuité de l'espèce est assurée par des cellules spécifiques, différentes selon le sexe : ce sont le spermatozoïde et l'ovule, dont la fusion engendre un nouvel être de la même espèce. Dès les premiers stades de développement, les cellules sexuelles sont isolées des autres tissus de l'organisme et attendent leur maturation dans les glandes sexuelles (gonades).

Les gonades mâles (testicules), d'abord contenues dans l'abdomen, descendent dans le scrotum juste avant la naissance, par le canal inguinal. Les testicules ne deviennent complètement matures qu'après la puberté. Ils forment les cellules reproductrices (spermatozoïdes) et sont responsables des caractères sexuels secondaires (les poils, la voix, les proportions du corps, etc.). Les gonades femelles (ovaires) accomplissent, durant leur développement embryonnaire, une migration similaire à celle qu'effectuent les gonades mâles, sauf qu'elles ne ressortent pas. Les gonades femelles contiennent les ovules qui, comme les cellules reproductrices mâles, connaissent aussi un processus de maturation. Ce processus de maturation de l'ovule intervient chez la femme à intervalles périodiques : s'il n'est pas fécondé, l'ovule est expulsé (menstruation). Des hormones se forment également dans les gonades des femelles : elles sont responsables des règles, de la grossesse et des caractères sexuels secondaires de la femme. Les glandes mammaires des femmes font également partie des organes de la reproduction. Elles participent aux changements périodiques de l'appareil génital. La production de lait, après l'accouchement, est due à la sécrétion de certaines glandes endocrines, en particulier de l'hypophyse.

Dans la pratique

L'appareil génital mâle est en général moins sujet à des troubles récurrents que l'appareil féminin, qui nécessite une attention constante, y compris chez les femmes en bonne santé. La puberté, la maternité et la ménopause constituent les moments les plus importants dans la vie d'une femme. Ils sont souvent cause de troubles, de déséquilibres et il faut ensuite retrouver un moyen convenable pour rééquilibrer l'organisme. Dans la société moderne, on a tendance à tout traiter d'un point de vue médicamenteux et à abuser des thérapies à base d'hormones. À la longue, ces traitements peuvent pourtant créer des carences, y compris d'un point de vue psychologique.

La régénération et la stimulation naturelle des glandes endocrines est une intervention excellente à tous points de vue.

Il ne faut pas négliger non plus l'efficacité d'un traitement réflexogène d'un point de vue esthétique : en effet, grâce à la stimulation du système endocrinien et à la relaxation du système nerveux, on peut maintenir

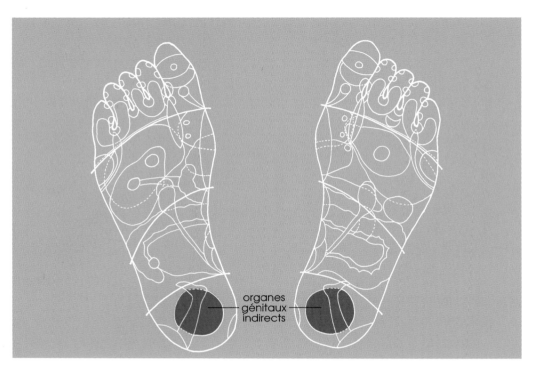

organes
génitaux
indirects

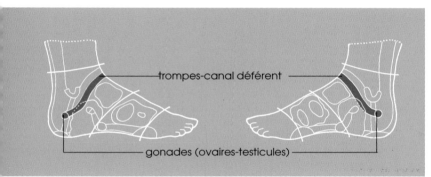

trompes-canal déférent

gonades (ovaires-testicules)

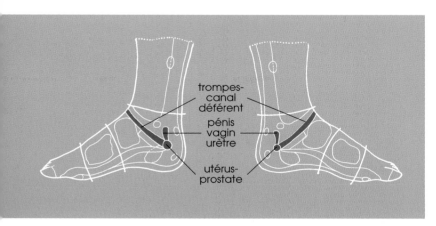

trompes-
canal
déférent

pénis
vagin
urètre

utérus-
prostate

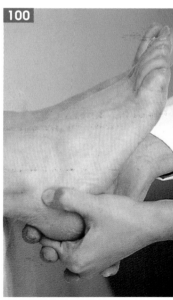

Point réflexe des
gonades (ovaires et
testicules) : il est situé
sur le côté du talon
des deux pieds, entre
la malléole et
l'extrémité du
calcanéum

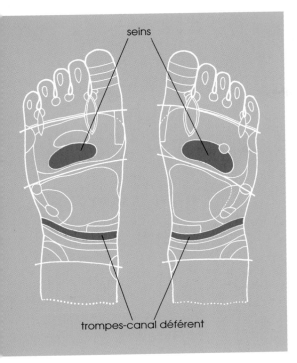

seins

trompes-canal déférent

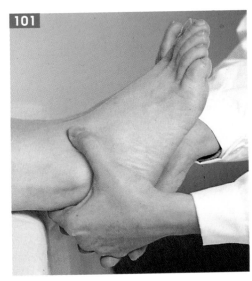

101

Point réflexe du canal déférent ou utérin : il part de la zone des gonades, passe sur le dessus du pied et atteint le point opposé à la zone des testicules-ovaires, à l'intérieur du talon, sur les deux pieds

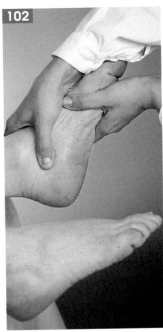

102

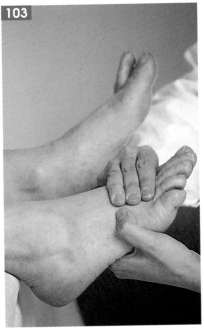

103

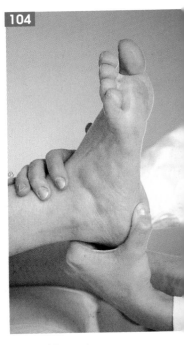

104

Point réflexe de la prostate ou de l'utérus : il se trouve exactement entre le centre de la malléole et l'extrémité du calcanéum, sur les deux pieds

Point réflexe des seins : il est placé sur les deux pieds, à la hauteur du troisième orteil. Il est situé vers l'extérieur de la zone de la clavicule

Point réflexe des organes génitaux indirects : il se trouve sur la plante des deux pieds, sous le talon

plus longtemps les caractéristiques de la jeunesse. Les effets de la réflexologie sont également appréciables pour les hommes, quand leur virilité commence à fléchir. Quand on effectue un traitement sur une personne de sexe féminin, surtout si elle est en âge de féconder, il est important de tenir compte des modifications qui peuvent intervenir sur son état physique pendant les règles ou une grossesse. Dans ce cas, il faut prendre des précautions particulières (cf. « Les contre-indications » page 28).

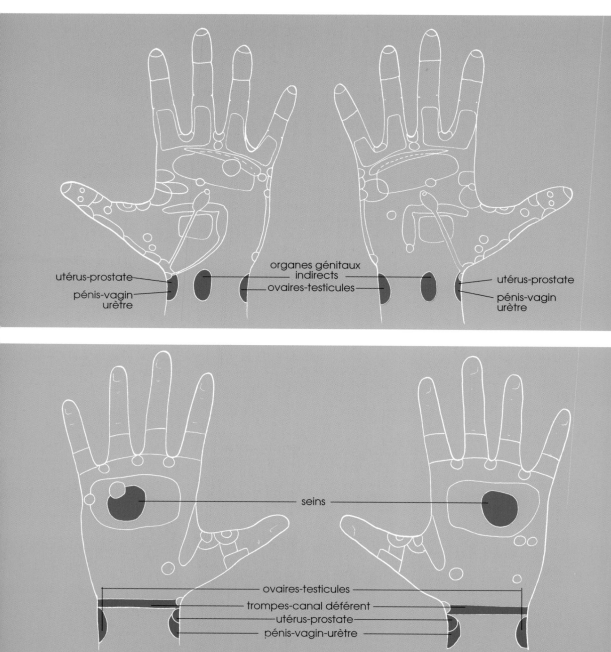

utérus-prostate

pénis-vagin urètre

organes génitaux indirects

ovaires-testicules

utérus-prostate

pénis-vagin urètre

seins

ovaires-testicules

trompes-canal déférent

utérus-prostate

pénis-vagin-urètre

Les règles

On rencontre de nombreux problèmes liés à la période menstruelle : les règles peuvent être douloureuses ou irrégulières et la menstruation pas assez ou trop abondante.

Un traitement réflexogène sur les points des organes génitaux (de 100 à 104) et sur ceux des glandes endocrines (de 112 à 118) est toujours bénéfique s'il est exécuté entre deux menstruations. Dans ce cas, l'automassage de la main donne également de très bons résultats.

Les inflammations et les infections

En raison de sa structure fragile et complexe, l'appareil génital féminin est souvent sujet à des inflammations et à des infections des ovaires, de l'utérus ou du vagin, telles que l'annexite ou l'endométrite, ainsi qu'à tous les dysfonctionnements liés au cycle menstruel. Dans ce type de cas, le massage doit rechercher la plus grande dépuration possible de l'organisme grâce à la stimulation des points des organes génitaux (de 100 à 104), de ceux des appareils urinaire (9, 10, 11), lymphatique inguinal (25) et endocrinien (de 112 à 118).

La ménopause

La ménopause représente pour une femme une période transitoire entre sa vie sexuelle féconde et l'absence de règles. Le changement draconien de l'équilibre hormonal qui se produit durant cette période peut provoquer de nombreux troubles et des altérations dans son équilibre psychophysique. En effet, parallèlement aux inévitables troubles plus ou moins grands qui vont des bouffées de chaleur soudaines à l'hypertension ou aux problèmes circulatoires, on constate très souvent de véritables syndromes dépressifs qui proviennent de la sensation d'être arrivé à une étape négative de sa vie : c'est ce que l'on appelle « le début de la fin ». Pourtant, on peut considérer la ménopause de façon optimiste : c'est le début d'une période plus sereine et plus calme dans la vie d'une femme, une période à vivre avec optimisme et un esprit combatif. Dans ce type de cas, la réflexologie a démontré qu'elle était très utile. Grâce avant tout à la stimulation du système endocrinien (de 112 à 118), on peut tenir en respect avec succès les symptômes classiques de la ménopause. En outre, en agissant sur le système nerveux (16, 17, 18), sur le plexus solaire (119) et sur les organes d'élimination (appareils urinaire, digestif et lymphatique), on peut obtenir une amélioration des conditions physiques et surtout psychiques générales.

L'hypertrophie prostatique

Les effets du vieillissement chez l'homme ne répondent pas à des échéances aussi précises que chez la femme ; toutefois, les troubles liés à ce vieillissement existent. En général, l'affection la plus fréquente chez l'homme est l'hypertrophie de la prostate. Avec le temps, elle a tendance à obstruer l'urètre et à empêcher le passage de l'urine. Si elle est prise à temps, ou mieux, traitée préventivement, l'hypertrophie prostatique peut être contenue grâce au massage localisé. Il faut soutenir le plus possible le drainage des reins, de l'uretère et de la vessie (9, 10, 11), l'appareil intestinal (de 76 à 86), l'appareil lymphatique inguinal (25) et, naturellement, l'appareil génital (100, 101, 102). Cette formule permet de prévenir et de limiter le plus possible les effets du vieillissement chez l'homme.

Point réflexe des ovaires-testicules et utérus-prostate : ces points se trouvent sur le poignet des deux mains. On les stimule en plaçant son autre main « en bracelet »

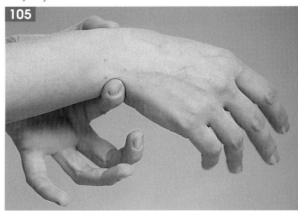

105

Les organes des sens

Les zones réflexes des organes des sens concernent les yeux, les oreilles et l'oreille interne.

Les yeux représentent une partie extrêmement délicate de notre organisme et leur importance n'a pas besoin d'être démontrée. Perdre la vue est la plus grande infirmité qui puisse toucher un individu. Il faut donc réserver aux yeux des soins constants et prendre des mesures adéquates à la moindre alarme. Appliquez la devise « il vaut mieux prévenir que guérir » et n'hésitez pas à utiliser le massage réflexogène dès les moindres symptômes, car ce traitement est très efficace pour les problèmes d'yeux. La réflexologie n'apporte pas autant de satisfaction quand il s'agit d'un trouble de l'audition, notamment s'il est question d'une véritable surdité. En revanche, on peut traiter avec succès les inflammations de l'oreille. Un mauvais fonctionnement de l'oreille interne peut entraîner des troubles extrêmement désagréables et une grande série de déséquilibres organiques qui se manifestent par des vertiges, des pertes d'équilibre, ou une sensation de nausée et de vomissement qui ressemble au « mal de mer ». Les maladies typiques de l'oreille interne sont la labyrinthite et les vertiges de Ménière. Elles s'accompagnent de nombreuses affections de l'oreille, d'arthrose cervicale et de troubles cardio-circulatoires. Il s'agit d'un point extrêmement sensible qu'il faut traiter avec prudence et qui nécessite une grande compétence de la part du réflexologue.

Dans la pratique

La conjonctivite, la blépharite, l'orgelet

Ces troubles ont généralement comme origine une inflammation interne et on doit donc rechercher à dépurer profondément l'organisme. Il faut masser plusieurs fois les voies d'élimination (reins, uretère, vessie : 9, 10, 11), l'intestin (de 76 à 86), le foie et les voies biliaires (89, 90, 91, 92) et insister sur la zone des yeux (106) ainsi que sur les voies lymphatiques supérieures (21, 22).

La cataracte

Quand un réflexologue est confronté à une maladie qui nécessite des soins médicaux ou, comme dans ce cas, une intervention chirurgicale, il ne doit pas se substituer à la médecine officielle. Toutefois, il peut exercer une action, notamment préventive, grâce au massage localisé. Dans ce cas, il faut insister sur les zones des yeux (106), du cerveau et du cervelet (16, 17), sur la région mastoïdienne (41), sur les premières vertèbres cervicales (42, 43) et sur les voies lymphatiques supérieures (21, 22).

Le glaucome

C'est une des maladies les plus graves de l'œil qui peut entraîner la cécité. Cepen-

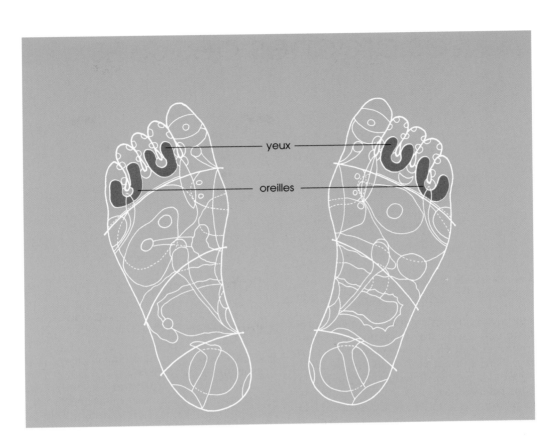

yeux

oreilles

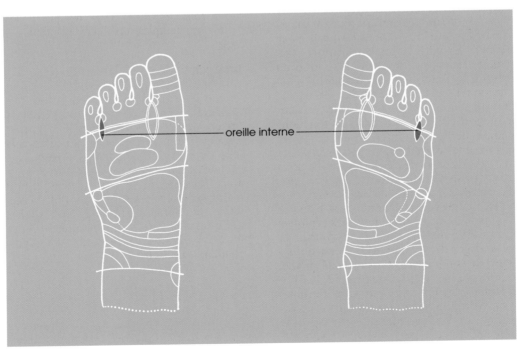

oreille interne

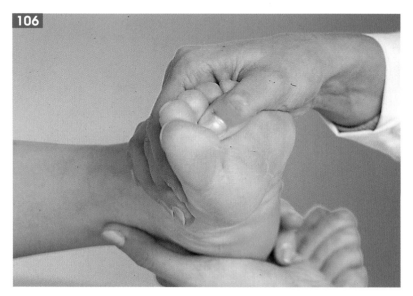

Point réflexe des yeux : il est situé sur la plante des deux pieds et forme un « U » du deuxième au troisième orteil

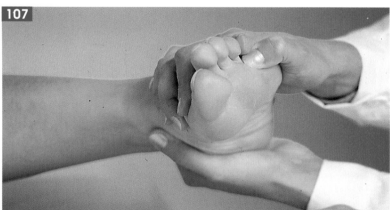

Point réflexe des oreilles : il se trouve sur la plante des deux pieds et forme un « U » entre le quatrième et le cinquième orteil

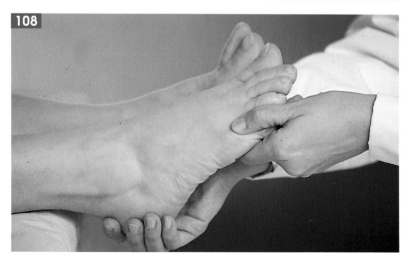

Point réflexe de l'oreille interne : il se trouve sur le dessus des deux pieds, entre le quatrième et le cinquième orteil, sous l'espace interdigital

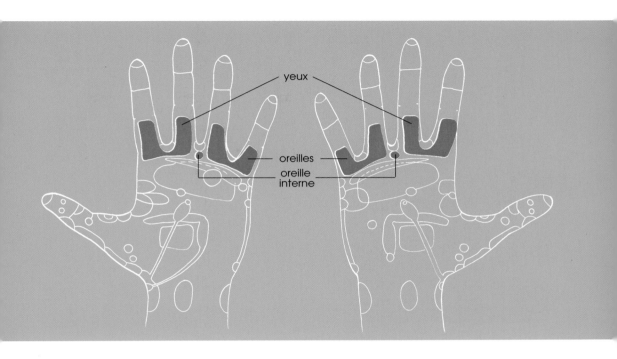

yeux

oreilles

oreille interne

Points réflexes des yeux : ils sont sur les phalanges de l'index et du médius des deux mains. On peut les stimuler avec des pinces à linge que l'on laisse en place pendant quelques minutes. Il faut faire attention à ce que la pression des pinces à linge ne soit pas excessive pour ne pas arrêter la circulation du sang.

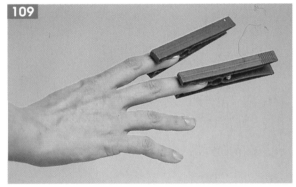

Pour améliorer la vue des personnes âgées, on peut également appliquer un élastique enroulé autour de l'index et du médius. Avec l'index de l'autre main, on exerce un mouvement de pression-friction sur ces points réflexes. Ce mouvement peut être exercé plusieurs fois

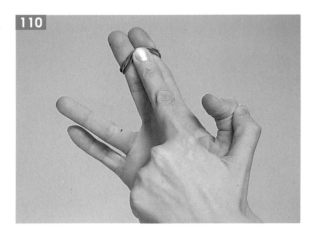

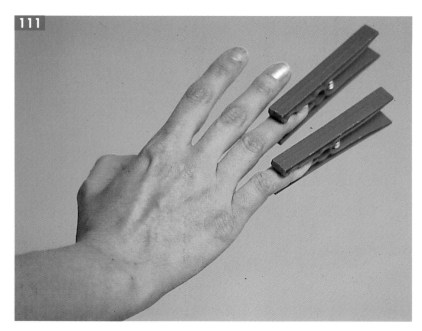

Points réflexes des oreilles : ils se trouvent sur les phalanges de l'annulaire et de l'auriculaire des deux mains. Comme on l'a fait pour les yeux, on peut les traiter en appliquant des pinces à linge

dant, si elle est prise à temps, on peut tirer de grands avantages du massage réflexogène, exécuté toujours en association avec une thérapie médicale. Le glaucome est une hypertension du globe oculaire qui fait pression sur les membranes fragiles et peut entraîner la nécrose du nerf. Il faut être particulièrement vigilant lors du traitement et respecter un suivi très strict. Les zones à traiter sont les suivantes : les yeux (106), la circulation lymphatique supérieure (21, 22) et, plusieurs fois, la zone de la tête (16, 17) et des voies urinaires (9, 10, 11).

L'otite

Comme il s'agit d'une forme inflammatoire, il faut traiter, hormis les zones réflexes des oreilles (107), les voies lymphatiques supérieures (21, 22), le rhino-pharynx (32, 33) et toutes les zones de la tête (16, 17, 22, 41).

Les douleurs aux oreilles

À la suite d'un courant d'air ou d'un refroidissement, les oreilles peuvent devenir très douloureuses, même sans raison spécifique. On peut dans ce cas atténuer la douleur par un massage de la zone réflexe des oreilles, mais aussi grâce à la manipulation des points sciatiques supérieurs (121) qui ont un effet analgésique global.

Les vertiges

Les vertiges, la perte ou le manque d'équilibre sont des troubles qui proviennent toujours, même indirectement, d'un problème oto-vestibulaire.

Les causes de ces troubles sont multiples : l'ivresse, l'indigestion, un grand refroidissement, une arthrose cervicale, de l'hypotension ou de l'hypertension. Pour combattre ce phénomène, il faut donc essayer d'en chercher la cause, afin de pouvoir agir d'une manière plus correcte et plus ciblée. Dans ce type de cas, il est conseillé, contrairement à ce que l'on pourrait logiquement penser, d'éviter de stimuler la zone de l'oreille interne. Il faut effectuer un massage généralisé du pied ou de la main, afin de rééquilibrer le système neurovégétatif, relaxer le système nerveux et faciliter la dépuration de l'organisme.

Le système endocrinien

Le système endocrinien est formé de la thyroïde, des parathyroïdes, du pancréas, des glandes surrénales et des gonades (ovaires et testicules). Les glandes endocrines sont, avec le système nerveux, responsables des régulations corporelles. Elles produisent des hormones, qui sont des substances spécifiques qui atteignent le liquide cellulaire grâce à la circulation sanguine : elles agissent activement et sélectivement sur des organes déterminés ou sur tout l'organisme. La sécrétion de nombreuses glandes endocrines est stimulée par l'action de l'hormone produite par l'hypophyse, qui est considérée comme le « chef d'orchestre » de l'activité endocrinienne. Elle contrôle la situation biologique de l'organisme dans son ensemble et exerce une influence sur l'équilibre d'importants phénomènes vitaux. On voit bien que le mécanisme des glandes endocrines joue un rôle de toute première importance dans le fonctionnement de l'organisme humain et que leur stimulation constitue une des parties centrales du massage localisé. Il faut toutefois que vous sachiez qu'en raison de l'efficacité du traitement réflexogène sur l'action du système endocrinien, il faut observer quelques précautions : en effet, vous ne devez jamais trop stimuler les glandes qui sont affectées de pathologies spécifiques car cela pourrait déboucher sur des réactions difficiles à contrôler. Il est toutefois recommandé d'effectuer un massage du système endocrinien dans le cadre d'un traitement visant à revitaliser l'organisme et surtout à ralentir le processus de vieillissement, qui est provoqué précisément par un ralentissement de l'activité des glandes endocrines.

Dans la pratique

Il est préférable de ne pas pratiquer le massage sur les zones spécifiques en cas de véritable pathologie d'une glande endocrine. On peut toutefois considérer que dans ce cas leur stimulation peut se révéler efficace.

L'hypophyse

Quand la zone de l'hypophyse est très douloureuse pendant la phase de recherche des points, on peut penser que l'on se trouve devant un déséquilibre général du système endocrinien ou bien face à une forte tension due au stress. Dans le second cas, il faut traiter la zone hypophysaire (112), d'une manière douce et relaxante, en insistant également sur le système nerveux (16, 17, 18) et sur le plexus solaire (119).
L'hypophyse doit toutefois être traitée à chaque fois qu'une réaction anormale se produit dans un organisme. En cas d'évanouissement, on obtient de bons résultats en la stimulant énergiquement.

La thyroïde

La thyroïde est la glande qui régule le métabolisme de base et donc toute l'activité de notre organisme, y compris le système nerveux. Elle peut être traitée avec succès quand on se trouve en présence de personnes apathiques, aux mouvements lents, lourdes et réagissant peu, afin de les aider à retrouver leur allant. Si on est au contraire devant une personne très inquiète et très nerveuse, surexcitée, maigre et aux yeux exorbités, il est déconseillé de traiter la thyroïde.

Les parathyroïdes

Les parathyroïdes régulent le métabolisme du calcium et doivent donc surtout être traitées dans les cas d'ostéoporose, dans le cadre d'un massage généralisé destiné à redonner de l'efficacité et de la vitalité à un organisme. Dans ce type de cas, il faut beaucoup travailler sur l'appareil squelettique (de 40 à 66), l'hypophyse, la thyroïde et les parathyroïdes (112, 113, 114), le système endocrinien en général (de 112 à 118) et l'appareil digestif (de 70 à 92).

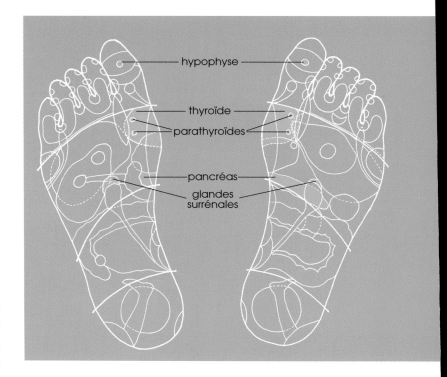

hypophyse

thyroïde
parathyroïdes

pancréas
glandes
surrénales

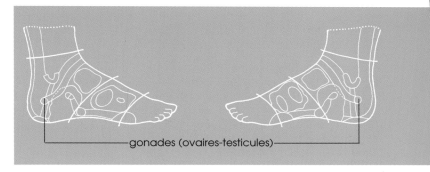

gonades (ovaires-testicules)

Le pancréas

Le pancréas est une glande à sécrétion interne et externe. Nous l'avons traitée en tant que glande à sécrétion externe dans le chapitre de l'appareil digestif (cf. page 59). En ce qui concerne sa sécrétion interne, les îlots de Langerhans représentent les unités fonctionnelles qui produisent les hormones ; on les trouve principalement au milieu et à l'extrémité du pancréas. Ainsi, face à un problème endocrinien, ce sont les zones qu'il faut traiter en priorité.

Il faut préciser que, comme d'autres pathologies, le diabète est une maladie sociale dont la gravité ne doit pas être sous-estimée. L'action du réflexologue ne peut être que marginale par rapport à un contrôle médical draconien. Le massage réflexogène est utile dans le cas du diabète. Il faut surtout agir sur les organes d'élimination, en insistant sur les reins (9), le système nerveux (16, 17, 18) et les yeux (106). En effet, ces derniers sont toujours soumis à des troubles dans les cas de diabète. Toutes les manipulations destinées à favoriser la circulation sont également importantes.

L'hypoglycémie est un trouble moins grave que le précédent, mais il peut être extrêmement gênant. Il provient toujours d'un mauvais fonctionnement du pancréas et il est difficile à diagnostiquer précisément. Il se caractérise par une sensation de grande faiblesse, des tremblements et une certaine confusion mentale. Pour surmonter une crise d'hypoglycémie, il suffit de boire un verre d'eau fortement sucrée, mais il est ensuite conseillé d'effectuer un massage généralisé pour ramener l'équilibre dans l'organisme.

Les glandes surrénales

Les glandes, ou capsules, surrénales sont indispensables à la vie. Elles ont une influence sur toutes nos activités, notre vigueur, notre courage et notre faculté à surmonter le stress.
Toutes les émotions, les sensations et les traumatismes provenant de la vie quotidienne, se déchargent sur les glandes surrénales ; notre équilibre psychophysique dépend donc en grande partie de leur bon fonctionnement. Les zones réflexes des glandes surrénales d'une personne très sujette au stress sont particulièrement douloureuses. Dans ce cas, il faut agir par des mouvements lents et profonds sur le point spécifique (117), avant d'exercer un massage de relaxation généralisé.

Les allergies

Parmi tous les maux de notre époque, l'allergie est un des troubles les plus ennuyeux et les plus difficiles à combattre. La difficulté à en déterminer la cause conduit souvent celui qui en est atteint à chercher inutilement des médicaments et des produits homéopathiques de toutes sortes.
Le massage réflexogène peut être très utile si l'on insiste sur les glandes surrénales. Naturellement, il ne faut pas oublier de traiter l'appareil urinaire (9, 10, 11), l'intestin et le foie (de 73 à 92), les systèmes lymphatique (de 21 à 29) et nerveux (16, 17, 18).

Les gonades (ovaires et testicules)

Nous avons déjà parlé des glandes sexuelles dans le chapitre sur l'appareil génital (cf. page 73). Il faut savoir que dans les problèmes d'ovaires, on doit stimuler l'hypophyse avant d'agir sur les ovaires, afin d'améliorer le fonctionnement des gonades.

Point réflexe de l'hypophyse : il se trouve sur les deux pieds, au centre de l'arcade plantaire du gros orteil

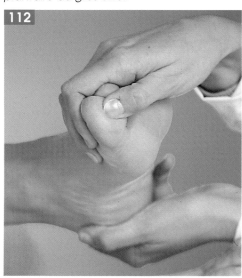

112

Point réflexe de la thyroïde : il est situé sur la plante des deux pieds, sur l'arcade plantaire qui se trouve juste sous le gros orteil

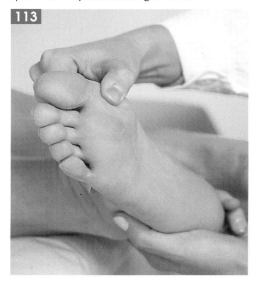

113

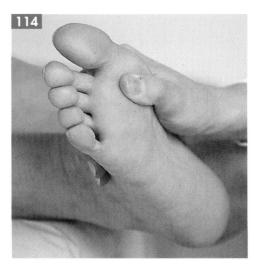

114

Point réflexe des parathyroïdes : il est situé sur les deux pieds et forme une sorte de collier autour de la zone de la thyroïde. On le stimule du bas vers le haut

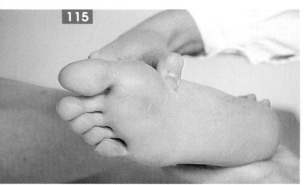

115

116

Point réflexe du pancréas : il se divise en trois parties : la tête, le corps et la queue. La tête se trouve sur la plante du pied droit, sous la zone de l'estomac ; le corps et la queue sont situés sous le pied gauche, toujours sous la zone de l'estomac, et ils s'étendent jusqu'à la zone de la rate

117

Point réflexe des glandes surrénales : il est situé sur les deux pieds, exactement au-dessus de la zone des reins. On le stimule en plaçant ses deux pouces en opposition et en exécutant une pression profonde

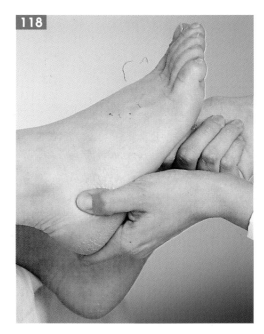

118

Point réflexe des gonades : il se trouve sur le côté des deux pieds, entre la malléole et le calcanéum

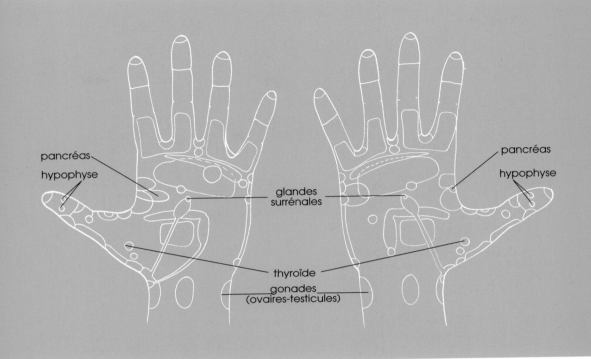

pancréas

hypophyse

pancréas

hypophyse

glandes
surrénales

thyroïde

gonades
(ovaires-testicules)

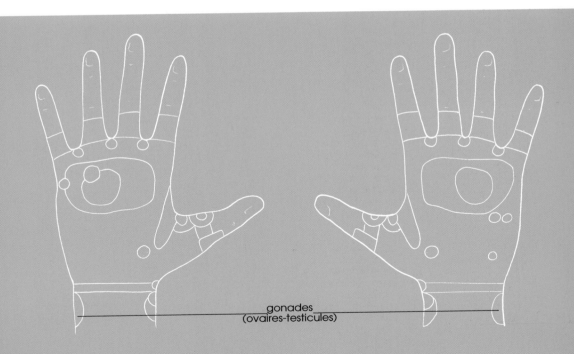

gonades
(ovaires-testicules)

Le plexus solaire
et les points sciatiques

Le plexus solaire

Le plexus cœliaque, plus connu sous le nom de plexus solaire, est le point vital du système neurovégétatif, situé au centre de l'abdomen. Ce ganglion nerveux important envoie ses ramifications à tous les organes abdominaux, d'où son surnom de « cerveau abdominal ». Sa stimulation produit un grand effet, non seulement sur tous les organes situés dans l'abdomen, mais aussi sur l'ensemble des mécanismes du système neurovégétatif. Comme il s'agit d'un point

extrêmement sensible, il peut provoquer une violente décharge d'impulsions à tout l'organisme s'accompagnant d'une sensation extrêmement désagréable, s'il n'est pas traité correctement. Il faut donc le stimuler et le relaxer après avoir bien évalué la situation. Dans la séquence du massage, nous avons choisi de traiter ce point en dernier, pour deux raisons.

Si l'on commence par traiter le plexus solaire au cours de la première phase, c'est-à-dire au moment de la recherche des points douloureux, on risque de fausser les répon-

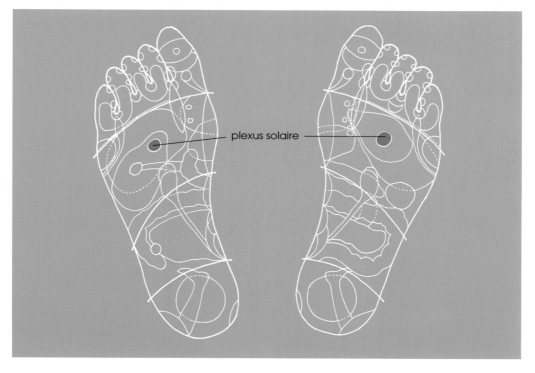

plexus solaire

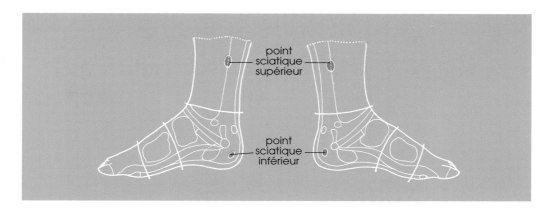

point
sciatique
supérieur

point
sciatique
inférieur

ses de l'organisme (c'est la même chose quand quelqu'un se soumet à un traitement après avoir absorbé des tranquillisants ou des psychotropes : les réponses de son système nerveux ne sont plus authentiques).

Ce n'est qu'à la fin de cette recherche que l'on peut essayer de tester la réponse du plexus solaire : elle nous donne une évaluation de la personnalité physique et psychique du sujet que l'on est en train de traiter.

Au cours de la seconde phase, celle du traitement, il faut utiliser le plexus solaire comme le « joker » d'un jeu de cartes. On fait donc appel à lui quand on a besoin d'effectuer une manipulation de stimulation ou de relâchement du système nerveux dans son ensemble.

Pour simplifier, s'il s'agit d'une personne très agitée, il faut effectuer une manipulation relaxante : on exerce une pression lente et profonde accompagnée d'un mouvement de rotation vers l'extérieur, en suivant le rythme respiratoire.

En cas d'hypotonie, de collapsus ou simplement d'atonie, il faut effectuer des mouvements énergiques, intenses et rapprochés sur le point, à l'image de celui que l'on exécute quand on appuie sur un interrupteur pour allumer une lampe.

Point réflexe du plexus solaire : il se trouve sur la plante des deux pieds, au centre de l'arcade plantaire située sous le troisième orteil. On localise ce point en tirant sur le troisième orteil avec une main et en cherchant sous l'articulation qui se soulève. Ce point doit être stimulé ou détendu selon les cas

Dans la pratique

La manipulation du plexus solaire (119), en faisant abstraction des cas particuliers, peut être effectuée au cours de n'importe quel traitement, mais elle ne doit jamais être trop prolongée ni être exécutée de façon approximative.

Les points sciatiques

Ce sont deux points sensibles très utiles dans le traitement des douleurs. Le point sciatique inférieur est surtout utilisé dans les affec-

119

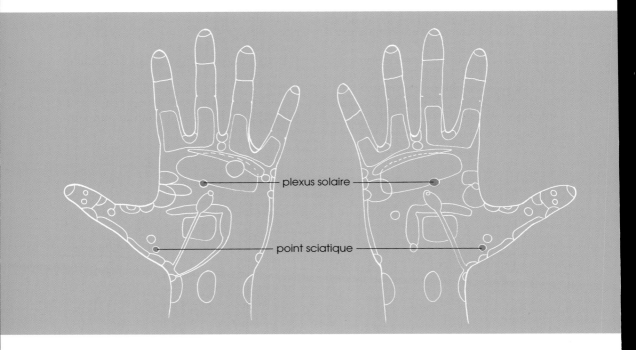

plexus solaire

point sciatique

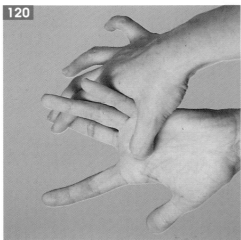

Point réflexe du plexus solaire : il se trouve au centre de la paume des deux mains, sous le médius

tions douloureuses du membre inférieur ; le point sciatique supérieur constitue un point clé dans le traitement des syndromes douloureux de toute nature. Ce sont les seuls points dont la stimulation doit provoquer des douleurs, car cette manipulation favorise la production d'endorphine.

L'endorphine

Avant d'aborder ce sujet, il est nécessaire d'ouvrir une brève parenthèse. L'hypothèse de l'endorphine est certainement la plus crédible parmi toutes celles qui ont été avancées depuis des années pour tenter d'expliquer les modes d'action de la réflexologie. Ces substances, produites par certaines régions du cerveau, sont très proches de la morphine. Elles agissent efficacement sur certains déséquilibres de la personnalité et constituent l'intermédiaire qui permet de provoquer une sorte d'anesthésie par le biais des techniques réflexogènes. L'endorphine représente donc une clé contre tous les types de douleur. Toutes les formes de massage agissent sur la production d'endorphine, mais cette action n'est très puissante que sur certains points spécifiques. Ces points, appelés points sciatiques, peuvent agir surtout d'un point de vue analgésique, s'ils sont stimulés correctement.

Dans la pratique

La stimulation des points sciatiques, comme nous l'avons vu précédemment, se pratique si l'on est en présence d'une douleur. Elle peut donc être jumelée au traitement du mal de tête, du mal de dents, de la sciatique, de la périarthrite, des douleurs lombo-sacrées, de la névrite et de toutes les affections osseuses. Le point sciatique supérieur (121) peut également être utilisé dans les syndromes douloureux, d'origine menstruelle ou abdominale, dans les coliques néphré-tiques et hépatiques, mais toujours en association avec un traitement généralisé des organes d'élimination.

Il faut exercer une pression profonde et prolongée sur ce point.

Le point sciatique inférieur (122) est utilisé en association avec le point supérieur, surtout dans les cas de douleur aux jambes.

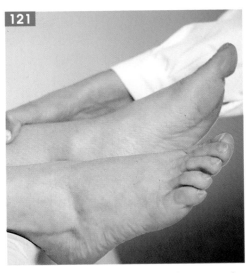

Point sciatique supérieur : il se trouve sur les deux jambes, à quatre doigts environ au-dessus de la malléole

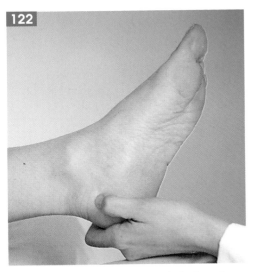

Point sciatique inférieur : il est situé sur les deux pieds, vers l'intérieur du calcanéum, sous la zone de l'anus

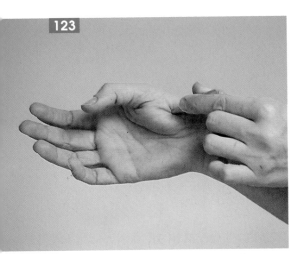

Point sciatique : on le trouve dans la région palmaire des deux mains, sous le pouce

Selon ce que nous a enseigné le docteur W. Fitzgerald, il existe un moyen efficace pour calmer la douleur : il faut serrer un grand peigne dans sa main en dirigeant ses dents vers la paume, afin d'exercer une forte pression sur celle-ci

Conclusion

Il est difficile de conclure un livre sur le massage localisé car, en raison de l'étendue du sujet, on pourrait y consacrer encore beaucoup de pages. Nous avons essayé de résumer le plus possible tout ce que nous considérions comme fondamental pour quiconque a l'intention de se lancer dans ce domaine. Nous espérons que vous pourrez en tirer des avantages et des satisfactions, et que vous aurez envie d'approfondir vos connaissances.

La réflexologie est un monde que l'on découvre jour après jour, par la pratique quotidienne, le contact avec les autres, les expérimentations continuelles.

Chaque cas, chaque individu que nous approchons nous apporte de nouvelles connaissances et de nouvelles réponses. La réflexologie est en effet un domaine en mouvement, comme toutes les matières scientifiques. Elle vient du plus profond de notre être et son origine se confond avec celle de l'homme. Négligée et méconnue pendant des millénaires, elle retrouve aujourd'hui sa place dans le monde, jouant un peu le rôle de Cendrillon. Nous, qui la pratiquons, souhaitons que la réflexologie ait dans le futur, comme Cendrillon, un brillant destin.

Bibliographie

Bourdiol R. J., *Podo-réflexo-cinésiologie*, éd. Maisonneuve, 1986.

Nogier P. F. M., *Points réflexes auriculaires*, éd. Maisonneuve, 1970.

Piazza D., *Réflexologie du pied et de la main, techniques de base*, éd. De Vecchi, 1990.

Turgeon M., *Énergie et réflexologie*, éd. Mortagne, 1985.

Index des symptômes et des troubles

*Achevé d'imprimer
en mars 1997
à Milan, Italie, sur les presses
de Grafiche Mazzucchelli S.p.A*

*Dépôt légal : mars 1997
Numéro d'éditeur : 4789*